Florence Tran

Augmenter le trafic de son blog

EYROLLES

Chez le même éditeur

S.-C. Chapman, *Réveillez votre créativité*, 96 p., 2016.
N. Buonomo, *Monétiser son blog*, 96 p., 2015.
A.-C. Chapman et S. Franchet, *Vendre et mettre en avant ses créations*, 200 p., 2015.
V. E. Sutanto, *Packaging pour blogueuses creative*, 176 p., 2015.
M. Bourgoin, L. Lazerges, A. Nello, *Blog it yourself !*, 250 p., 2015.
A.-C. Chapman et S. Franchet, *Le guide des entrepreneuses créatives*, 176 p., 2015.
C. Chapman, *Choisir ses couleurs pour le web*, 144 p., 2014.
H. Adnum, *Photographiez vos créations*, 192 p., 2012.

Photos de couverture : © Béranger Blaudez.
Toutes les photos de l'ouvrage sont de Béranger Blaudez (www.blodesign.fr).

ÉDITIONS EYROLLES
61, bd Saint-Germain
75240 Paris Cedex 05
www.editions-eyrolles.com

ISBN : 978-2-212-14311-9

Remerciements

Les premières personnes que je souhaite remercier sont les lecteurs de mon blog *Trucs de Blogueuse*, sans qui ce livre n'aurait vu le jour. Sans visiteurs, un blog reste rarement alimenté longtemps, et mes lecteurs m'ont donné envie d'en faire toujours plus. Merci à vous de me suivre, certains depuis le début, et de me témoigner aussi souvent vos marques de sympathie qui m'encouragent à continuer. En effet, même si ce livre a pour vocation de vous aider à augmenter le trafic de votre blog, il faut garder en tête que le plus important n'est pas la quantité, mais la qualité : plus que les chiffres, ce sont vos commentaires, vos e-mails et même, pour certains, des verres pris en votre compagnie qui me donnent du baume au cœur et me confirment que j'adore bloguer.

Je remercie chaleureusement mes relecteurs : Marie-Bénédicte (mariebefutee.com), Laurence (lachouettebricole.com), Déborah (inkedgeek.com), Margaux (chezmargaux.com), Jean-Baptiste (blogbuster.fr), mes amis Letty, Sébastien, Sothavy (@Queen_Low_) et ma soeur Bénédicte (instagram.com/bene.yo). Grâce à vos retours, j'ai pu rendre ce livre encore plus pratique, à la fois plus accessible aux débutants et plus concret pour les blogueurs avertis.

Mes remerciements vont également aux trois blogueuses qui ont accepté de répondre à mes interviews : Valérie de cestmafournee.com, Odile de odilesacoche.be et Sandrine de fraisebasilic.com. Vos différents parcours sont inspirants et votre enthousiasme communicatif.

Un grand merci à Aude, des Éditions Eyrolles, pour sa confiance et sa patience. J'ai pu réaliser un de mes rêves grâce à elle.

Et bien sûr, je remercie tous mes proches : mon conjoint Béranger (blodesign.fr) qui est aussi un des relecteurs et l'auteur des photographies de cet ouvrage, ma famille et mes amis, qui me soutiennent dans mes projets et ont toujours cru en moi.

Table des matières

À propos de l'auteur

Dans la blogosphère, elle s'appelle Mia et partage ses connaissances et compétences dans le blogging et le marketing digital à travers son blog trucsdeblogueuse.com.

IRL *(In Real Life)*, Florence Tran est la fondatrice de deux agences digitales destinées à tous ceux dont la passion est le moteur : elle a créé *Blog Me Tender* pour les blogueurs qui ont besoin d'aide pour créer leur blog, améliorer le design, ajouter des fonctionnalités et qui souhaitent un accompagnement stratégique ; et *Ma Petite Web Entreprise*, qui est dédiée aux petites entreprises qui veulent développer leur présence en ligne.

Florence Tran a fait ses armes pendant sept ans au sein d'une entreprise cosmétique française, dans les services communication et marketing digital. Elle a ainsi tour à tour géré les sites vitrine, créé et développé les sites e-commerce ainsi que leur plan d'actions pour générer du chiffre d'affaires, mis en place le community management, développé la présence en ligne et la notoriété à travers le webmarketing, le référencement naturel et payant, les partenariats ainsi que la relation client. Sa vision globale de tous les aspects du digital lui a permis de définir et de mettre en place la stratégie digitale de toutes les marques dont elle avait la responsabilité à l'aide de son équipe de quatre personnes.

Durant ses temps libres, elle crée une demi-douzaine de blogs qu'elle améliore au fur et à mesure, partageant ses passions pour la photographie, les voyages, les nouvelles technologies et le webmarketing.

Véritablement passionnée par son métier et stimulée par l'aide qu'elle peut apporter aux autres, elle a écrit ce livre avec comme principal objectif de rendre ses conseils accessibles et facilement applicables par le plus grand nombre.

Introduction

Un jour, on m'a demandé : « Quelle est ta recette miracle pour avoir autant de visiteurs sur ton blog ? » Je vous le dis tout de suite : il n'y a pas de recette miracle. Mais s'il en existait une, ce serait peut-être celle-ci :

- mélangez beaucoup de **passion** et d'**envie** ;
- mixez avec des **heures de travail** ;
- saupoudrez-y votre **personnalité** ;
- ajoutez un zeste de **technique** ;
- quelques graines d'**originalité** ;
- et une bonne dose de **patience** et de **persévérance**.

Et comme la quantité des ingrédients peut varier énormément d'un blogueur à un autre, on n'obtient pas toujours le même résultat. Il faut donc tester encore et encore afin d'avoir le parfait dosage, celui qui apportera à la fois le pétillant, le croustillant et le fondant, celui qui rend accroc et qu'on redemande !

Sur un blog, on laisse en général la possibilité à ses lecteurs de s'exprimer et donner leur avis. J'ai donc voulu rendre ce livre interactif, en vous laissant l'opportunité d'y inscrire les réponses aux questions que je vais vous demander de vous poser. Eh oui, vous allez devoir être actif car c'est en agissant que l'on obtient des résultats.

Une autre raison pour laquelle il me semble important que vous interagissiez est que cela vous permettra d'adapter mes conseils et mes exemples à votre propre situation. Si vous consultez ce livre sur une liseuse électronique, vous pouvez répondre aux questions à l'aide d'un formulaire créé sur le site augmenterletraficdesonblog.com.

Les techniques que je propose tout au long de ce livre pour augmenter le trafic de votre blog sont complémentaires : si vous les utilisez toutes, vous décuplez la portée de votre contenu. Toutefois, comme vous changeriez certains ingrédients et leurs quantités dans une recette pour une question de goûts ou d'allergies, vous devez adapter les conseils de ce livre à vos propres besoins.

Il ne faut surtout pas suivre une règle à la lettre au risque de perdre sa **spontanéité** ; quelqu'un qui ne souhaite pas du tout se pencher sur le référencement de son blog peut très bien avoir le succès qu'il souhaite ; vous pouvez écrire sans réfléchir à une ligne éditoriale et avoir des milliers de visiteurs ; vous pouvez publier une seule fois par semaine mais avoir des visiteurs qui viennent vous lire tous les jours, etc.

Je peux aussi parfois donner des conseils contradictoires comme « écrire avec le cœur » et « en suivant des techniques », « écrire pour soi » mais aussi « pour le lecteur » et « pour Google »... C'est un équilibre à trouver, aussi bien pour votre propre blog que pour vous-même. À vous de piocher et d'adapter ceux qui vous permettront d'atteindre vos objectifs tout en gardant intactes votre **authenticité** et votre **passion** pour le blogging.

Le tout premier conseil que je peux vous donner, et qui est pour moi le plus important : passer à l'action. Sans cela, vous n'obtiendrez aucun résultat. Je me souviens d'un candidat de Top Chef qui n'arrêtait pas de dire « Je sais » à chaque fois qu'un chef le conseillait (nettoyer son plan de travail au fur et à mesure ou mieux disposer ses ustensiles pour éviter de courir partout). Il ne suffit pas de connaître la théorie. Vous trouverez sûrement dans ce livre des techniques que vous connaissez déjà, mais attachez-vous à les appliquer.

Note

Certains chapitres reprennent le contenu des articles sur le blog trucsdeblogueuse.com, mais ce livre permet d'avoir une vision globale des différents leviers d'acquisition de trafic. Vous pourrez ensuite aller plus loin en vous renseignant sur ces différentes techniques (que ce soit dans d'autres livres ou sur Internet), notamment en ce qui concerne le community management et le référencement naturel.

Pour éviter de surcharger ce livre, certains outils, développements ou approfondissements sont accessibles en ligne sur le site créé spécialement pour cet ouvrage, **augmenterletraficdesonblog.com**, grâce à des liens numérotés. Si vous lisez ce livre sur une liseuse électronique, vous pourrez accéder directement à ces liens en cliquant dessus.

À vous de jouer

Écrivez les réponses à ces questions.

Ce livre appartient à :

Le ou les blogs dont je souhaite augmenter le trafic sont :

E-commerce
WEBMARKETING

Pourquoi bloguer ?

Posez-vous la bonne question

La première fois qu'on m'a posé cette question, j'ai été surprise car je ne m'y attendais pas du tout. C'était tellement évident pour moi que je ne comprenais pas pourquoi on me le demandait. J'avais envie de répondre par une autre question : « Pourquoi TOI tu ne blogues pas ? »

C'est vrai ça, il y a tellement de raisons qui font que j'adore bloguer que je ne pourrais m'en passer. Mon premier blog date de plus de 10 ans maintenant et le plaisir que j'éprouve à écrire, discuter avec mes lecteurs, partager, découvrir, ne fait qu'augmenter avec le temps. Mais je n'ai pas toujours blogué pour les mêmes raisons : mes objectifs, mes ambitions ont évolué au fil du temps, selon mon expérience et en suivant ma vie personnelle.

Bloguer peut en effet être un loisir, mais aussi un moyen de communiquer sur ses compétences, de mettre en valeur son expérience professionnelle pour chercher un emploi ou démarcher une clientèle. Alors la manière de bloguer ne va pas être la même selon ses objectifs. Et vouloir augmenter le trafic de son blog ne va pas demander les mêmes efforts, la même stratégie. On va ainsi voir que la première étape avant de savoir COMMENT augmenter le nombre de visites, est de savoir POURQUOI on souhaite le faire.

À vous de jouer

Pourquoi bloguez-vous ?

Définissez vos objectifs

Tout blogueur a envie d'être lu, sinon il écrirait dans un journal intime. Mais selon la raison pour laquelle vous bloguez, vous n'aurez pas « besoin » du même trafic. Avant d'essayer d'avoir à tout prix 10 000 visiteurs par jour sur votre blog, posez-vous 3 questions.

1/ Pourquoi bloguez-vous ? (Vous avez dû y répondre précédemment si vous êtes studieux.)

2/ Quels sont vos objectifs à travers ce blog ?

Après avoir couché sur papier vos propres mots, cochez les cases qui vous correspondent : « Je blogue pour... »

- ☐ Le plaisir d'écrire, de créer (du texte, des photos, des vidéos, des objets...)
- ☐ Passer le temps
- ☐ L'envie de partager (ma passion, mon histoire, mon expérience, mes découvertes, mon avis...)
- ☐ Faire des rencontres, avoir des échanges, rester en contact avec mes proches
- ☐ Apprendre, progresser dans un domaine
- ☐ Me sentir libre, exprimer mon avis et mes pensées
- ☐ Me confronter au monde, avoir un retour sur mon travail, être critiqué
- ☐ Garder une trace (de mes souvenirs, de mes acquis)
- ☐ Montrer mes compétences, me faire connaître
- ☐ Gagner de l'argent, voire gagner ma vie

Si vous avez du mal à choisir parmi ces propositions, j'ai expliqué plus en détails les différentes raisons de bloguer sur augmenterletraficdesonblog.com (→ lien n° 1).

3/ De combien de visiteurs avez-vous besoin pour atteindre ces objectifs ?

- ☐ Le trafic n'est pas important car le blog est juste un passe-temps : 0 visiteur ?
- ☐ Je veux juste que mon entourage lise mon blog : le nombre d'amis et de famille à qui vous vous adressez, soit quelques dizaines de visiteurs par article publié ?
- ☐ Je veux avoir l'avis d'autres personnes sur mes écrits : quelques centaines de visiteurs pour avoir une dizaine d'avis par article ?
- ☐ Je souhaite aider d'autres personnes : cela dépend dans quel domaine vous partagez vos connaissances. Aider une seule personne pourrait déjà suffire, mais si vous pouviez toucher un maximum de personnes, vous seriez encore plus heureux.
- ☐ J'ai envie de faire des partenariats : il faut avoir un gros trafic (souvent de plusieurs centaines à plusieurs milliers de visites par jour), mais surtout un fort engagement de la part de vos lecteurs, pour que les marques souhaitent communiquer à travers votre blog. Cela dépend aussi de la thématique dont vous parlerez.
- ☐ Je veux gagner ma vie avec mon blog : selon le type de monétisation, vous devrez avoir un trafic plus ou moins conséquent, de plusieurs centaines à plusieurs milliers de visiteurs par jour.

Vos objectifs de trafic pourront ainsi être de l'ordre de 10 visiteurs par jour, 100, 1 000, 10 000 voire des millions. Il est essentiel de déterminer les objectifs à la fois qualitatifs et quantitatifs pour savoir dans quelle direction aller.

Le trafic, qu'est-ce que c'est ?

Le trafic d'un site web, également appelé « audience », correspond à la fréquentation d'un site en fonction d'indicateurs tels que le nombre de visiteurs uniques, de pages vues, de visites, la durée moyenne des visites, etc. Ces chiffres sont observés sur une durée définie : jour, mois, année....

Sachez à quoi vous attendre

Il faut savoir que selon la thématique sur laquelle vous bloguez, vous ne pourrez pas prétendre au même trafic. Par exemple, un blog sur la cuisine aura beaucoup plus de lecteurs potentiels qu'un blog sur les idées de sortie dans un petit village. L'inconvénient est que dans les thématiques populaires, il y a aussi beaucoup plus de concurrence. Ainsi, il risque d'y avoir plus de blogs de cuisine, que sur votre village ~~paumé~~ reculé.

Bien entendu, vous ne devez pas choisir une thématique juste pour générer du trafic car vous perdriez vite de l'intérêt et vous auriez du mal à le faire vivre, jusqu'à finir par l'abandonner. J'ai écrit les raisons qui poussent un blogueur à arrêter son blog (→ lien n° 2).

Même si une thématique est déjà très prise, il y a toujours un moyen de sortir du lot en se démarquant. Par exemple, au lieu de créer un blog sur la cuisine en général, proposez uniquement des recettes de pâtes.

Estimez le potentiel de votre thématique en 3 étapes

1/ Quels mots caractérisent le plus votre blog et sa thématique ?

N'hésitez pas à décrire avec plusieurs mots pour être le plus précis possible.

2/ Est-ce que la thématique est recherchée ?

Avec l'outil de planification des mots-clés de Google Adwords (→ lien n° 3), vous pouvez voir le nombre moyen de recherches mensuelles. Par exemple, on voit que les blogs de cuisine sont recherchés entre 400 000 et 620 000 fois par mois environ.

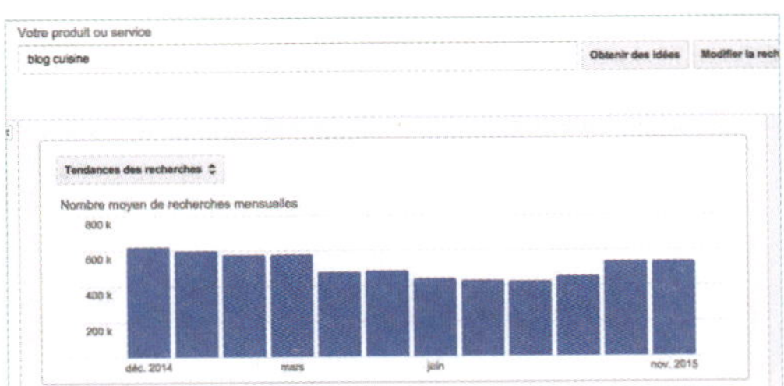

Nombre moyen de recherches mensuelles Google sur les termes « blog cuisine » en janvier 2016 sur l'outil de planification de mots-clés Google Adwords.

Les recherches de blogs sur les pâtes, elles, sont estimées à moins de 200 000 par mois.

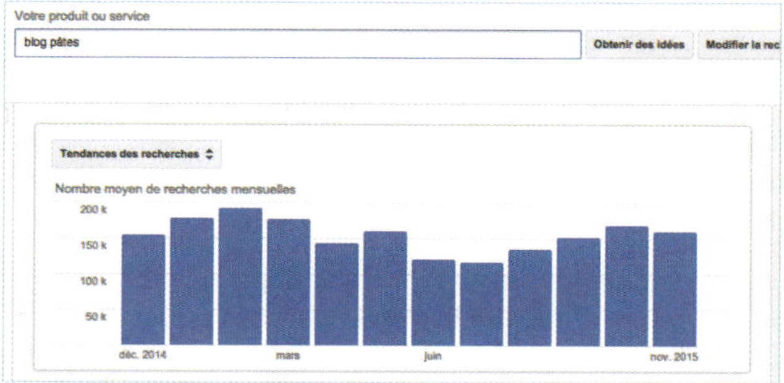

Nombre moyen de recherches mensuelles sur les termes « blog pâtes » en janvier 2016 sur l'outil de planification de mots-clés Google Adwords.

3/ Combien de sites concurrents existent déjà ?

Recherchez simplement dans Google les requêtes choisies précédemment et regardez le nombre de sites qui s'affichent : plus de 62 millions de résultats pour « blog cuisine » et 700 000 pour « blog pâtes ».

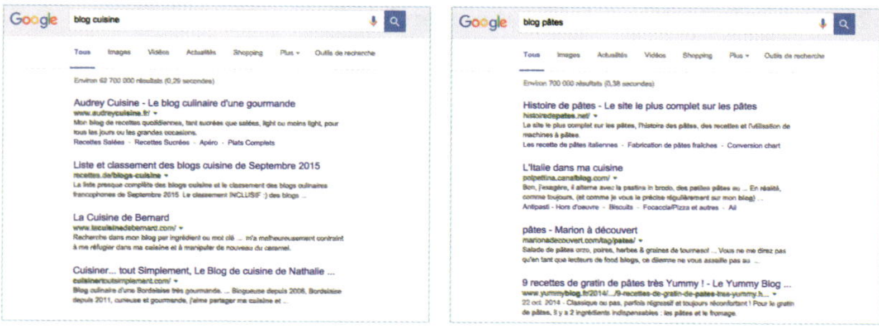

Résultats Google pour les recherches « blog cuisine » et « blog pâtes » en janvier 2016.

Astuce

Vous pouvez utiliser les guillemets et le signe + pour bien cibler vos requêtes. Par exemple pour « blog + “gâteau maison” », vous aurez 32 000 résultats alors que « blog gâteau maison » en donne 903 000. Vous éviterez ainsi les blogs de déco (dont la description comprend le terme « maison ») par exemple.

Résultats Google pour la recherche « blog + “gâteau maison” » en janvier 2016.

Prenez en compte le facteur temps

Une autre chose importante à savoir est que le blogging prend beaucoup de temps : pour se faire connaître, il ne suffit pas d’écrire sur son blog, il faut prévoir également des heures à le promouvoir, à communiquer avec ses lecteurs. De même, les résultats vont mettre du temps à arriver, donc soyez patient, ne baissez pas les bras.

Enfin, faites jouer le temps en votre faveur en commençant dès maintenant votre blog s’il n’est encore qu’au stade de projet. N’attendez pas d’avoir 5 ou 10 articles préparés avant de le lancer, car les mois passent très vite ! Plus votre blog sera âgé, plus il sera légitime et fera autorité : pouvoir dire « Je blogue depuis déjà X années » n’est pas donné à tout le monde.

Choisissez un sujet qui vous passionne

Parlez de ce que vous aimez

L'intérêt de bloguer sur un sujet qui vous passionne est multiple.

- C'est dans ce domaine-là que vous excellerez le plus.
- Vous serez plus convaincant, plus crédible et les lecteurs auront confiance, car votre passion transparaîtra dans vos écrits.
- Vous resterez motivé plus longtemps, vous ne bloguerez pas par obligation.
- Vous aurez des idées d'articles, pas de panne d'inspiration.
- Vous aurez plaisir à vous documenter sur le sujet, à chercher de nouvelles infos, vous ferez de la veille naturellement.

Pourquoi ça augmente le trafic ?

Parler d'un sujet qui vous passionne est essentiel pour pouvoir tenir sur la durée et attirer des lecteurs intéressés par la même thématique que vous.

L'idéal est donc de **créer un blog qui parle de vos centres d'intérêt**, tout en étant conscient que certains sujets pourront trouver un peu moins d'audience, selon le nombre de personnes potentiellement intéressées et la concurrence plus ou moins accrue.

Quand je parle de « centres d'intérêts », il ne s'agit pas forcément de passions dans le sens activités extra-professionnelles : on peut parler de mode, de beauté, de déco, de cuisine, de voyages, de ses découvertes shopping, etc., mais on peut aussi parler de son métier (eh oui, ça existe, des personnes qui aiment leur travail ! ^^). Par exemple, j'avais créé un blog sur le webmarketing pour y partager mes connaissances et ma veille à ce sujet, mais aussi mettre en avant mes compétences lors d'entretiens d'embauche.

Et quand je dis « ce que vous aimez », vous pouvez écrire sur vos coups de cœur, mais aussi vos coups de gueule. Sur un blog, les lecteurs s'attendent à avoir votre avis sur les sujets abordés, qu'il soit positif ou négatif.

À vous de jouer

Faites une liste de tout ce que vous aimez.

Parlez de ce que vous connaissez... ou pas

Vous pouvez aussi bloguer sur des sujets que vous aimez, sans pour autant être un « expert » de ce domaine. Par exemple, vous pouvez créer un blog sur la photo et montrer vos progrès à vos lecteurs : ils auront ainsi votre vision de débutant qui pourra intéresser d'autres débutants comme vous. L'essentiel est de rester honnête avec ses lecteurs et ne pas se faire passer pour ce que l'on n'est pas, car cela se ressentira très vite.

À vous de jouer

Complétez si besoin la liste précédente avec les choses que vous aimez ET que vous souhaiteriez approfondir.

Écrivez pour vous

Si je considère mes raisons personnelles et celles des blogueuses et blogueurs que j'ai pu rencontrer, je constate que, quel que soit le mode d'expression (écrire, partager ses photos ou créations), on le fait avant tout **pour soi**. Le blog a d'ailleurs eu cette seule vocation à ses débuts, on appelait cela un « blog personnel ».

Écrivez pour le plaisir

Ne bloguez pas (uniquement) pour la gloire ou pour l'argent, mais pour le plaisir d'écrire, de créer, de partager votre passion. Le reste (amour, gloire et beauté) et notamment le trafic, découlera du fait que vous aimez ce que vous faites.

Écrivez comme vous êtes

Écrivez avec vos mots et votre façon de vous exprimer, comme lorsque vous parlez ou que vous vous adressez à une connaissance par e-mail. Sans non plus dire de grossièretés dans chaque phrase et en veillant tout de même à vous faire comprendre par vos lecteurs, **restez vous-même**.

Sur un blog, on ne rédige pas comme pour un journal ou une encyclopédie : on parle en utilisant le pronom « je » et on s'adresse à son public. Cela humanise et permet aux lecteurs de vous connaître et de vous associer au blog. C'est d'ailleurs votre personnalité qui va faire que vos lecteurs vont revenir vous lire régulièrement.

Écrivez ce que vous pensez

Un blogueur n'est pas un journaliste qui, lui, doit relater des faits en toute objectivité. Vos lecteurs attendent de vous votre opinion sur le sujet que vous abordez, sinon ils iraient lire un site d'informations. Donnez donc votre avis, qu'il soit positif ou négatif, en veillant toutefois à respecter la vie privée d'autrui, sous peine de poursuites judiciaires (voir p. 192).

Écrivez avec sincérité et authenticité

Il faut écrire ce que l'on pense, mais surtout penser ce que l'on écrit : écrire en restant « vrai », c'est le faire tout en conservant ses valeurs, son éthique.

Écrivez sur des sujets qui vous tiennent à cœur et pas parce que vous pensez que cela va faire du buzz. Évitez de faire des partenariats avec des marques que vous détestez, juste pour le côté financier.

Écrivez avec passion

Écrivez avec votre cœur, avec vos tripes, n'hésitez pas à vous livrer à vos lecteurs et à partager des anecdotes et votre expérience si le contexte et le sujet s'y prêtent. Transmettez vos émotions, partagez sans compter, comme si vous n'écriviez que pour vous-même, pour conserver vos mémoires par exemple.

Même si vous créez un blog d'entreprise, qu'un des objectifs de votre blog est de gagner de l'argent, vous n'aurez du succès que si vous écrivez avec le cœur, si la passion est transmise à vos lecteurs à travers vos mots. Et vous ne tiendrez sur la durée que si vous aimez ce que vous faites.

Écrivez comme si une seule personne vous lisait

On peut vite être découragé devant le manque de visiteurs et de commentaires, ce qui arrive pourtant à tout blogueur lorsqu'il débute. En effet, se faire connaître prend du temps donc, pour tenir sur la durée, écrivez comme si une seule personne vous lisait. S'il n'y a pas de retours, au moins vous le ferez pour vous.

Pourquoi ça augmente le trafic ?

Quand on écrit pour soi, on n'a pas besoin de trafic pour se motiver. Le blog a ainsi plus de chances de durer, ce qui augmente ses chances de rencontrer son public.

À vous de jouer

Imaginons que votre blog ne rencontre pas le succès escompté (ou en tout cas pas tout de suite), quelles sont les raisons qui vous pousseraient à continuer ?

Écrivez pour le lecteur

Je conseille d'écrire comme si vous n'aviez qu'un seul visiteur, et non pas comme si personne ne vous lisait, car écrire pour le lecteur est primordial si on souhaite être lu.

Écrivez pour être compris

Si on n'écrit que pour soi, on peut être tenté d'écrire de gros pavés sans ponctuation ni de retour à la ligne. On veut juste « vomir » des mots et externaliser ses pensées. Quand il y a du partage, on doit penser à celui qui reçoit, veiller à ce qu'il comprenne le message que l'on souhaite faire passer.

Écrivez à une cible précise

Réfléchissez au type de personnes que votre blog va intéresser. Ou bien à l'inverse, au type de lecteurs que vous souhaitez avoir sur votre blog.

Le vocabulaire que vous allez utiliser, la façon d'expliquer les choses, mais aussi le ton, ne seront pas les mêmes, si vous vous adressez à des novices ou des connaisseurs de votre domaine, à des particuliers ou des professionnels, à des jeunes ou plus âgés, etc. Écrire avec des mots que vos lecteurs ont l'habitude de lire ou d'utiliser tous les jours les confortera dans l'idée que votre blog est fait pour eux.

Vous pouvez très bien avoir plusieurs segments de cible différentes (→ lien n° 4), à vous d'adapter chacun des articles au type de lecteurs.

Écrivez pour apporter de la valeur

Les gens ne vont pas venir vous lire pour vous faire plaisir, mais parce qu'ils vont trouver des informations qui vont les intéresser. Le chapitre 3 (p. 59) va vous donner des conseils pour intéresser vos lecteurs.

Montrez que vous écrivez pour vos lecteurs

Adressez-vous à vos lecteurs, en utilisant le pronom « vous ». Ils se sentiront plus impliqués dans vos écrits.

Écrivez sans rien en retour

Donnez et n'attendez rien en retour : ce n'est pas en écrivant « j'en ai marre que personne ne commente » dans vos articles, que vous donnerez envie à vos lecteurs de commenter...

Pourquoi ça augmente le trafic ?

Un contenu qui correspond exactement aux attentes de vos lecteurs leur permet de se reconnaître dans vos écrits et donne l'impression que l'on s'adresse personnellement à eux. Cela va les attirer et les faire revenir.

À vous de jouer

Y a-t-il des personnes qui seront potentiellement intéressées par vos écrits ? Réfléchissez à qui vous souhaitez vous adresser sur votre blog ? Seront-ils débutants ou déjà des connaisseurs de votre thématique ? Y a-t-il plusieurs cibles différentes ?

Écrivez pour les moteurs de recherche

C'EST la partie moins glamour du blogging : la technique, notamment le référencement. Un chapitre entier est consacré à cette discipline, qui consiste à optimiser son blog afin de le faire apparaître en bonne position sur les résultats de moteurs de recherche tel que Google (voir p. 85).

Le référencement d'un site se fait avec les mots-clés tapés par les visiteurs pour faire des recherches. C'est donc le contenu que vous allez écrire qui va permettre à votre blog d'apparaître sur les pages de résultats Google. Mieux vous serez positionné, plus vous recevrez de visites car d'après une étude de Synodiance en décembre 2015, le site en 1re position est cliqué à 40 % sur ordinateur et 37 % sur mobile (→ lien n° 5).

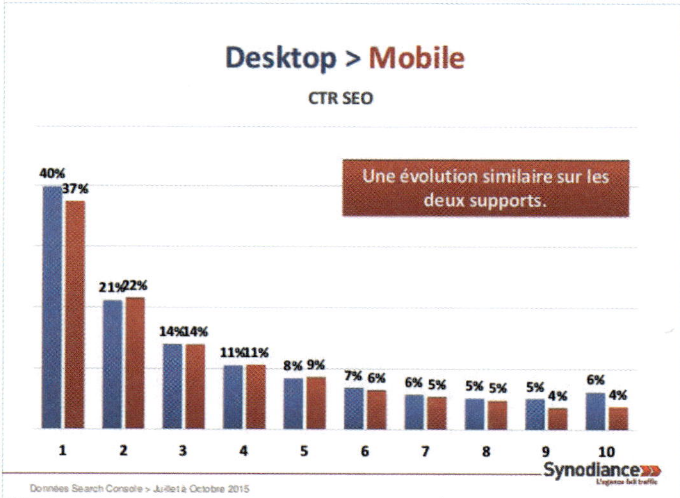

Étude Synodiance de décembre 2015 : taux de clics par position sur la première page de Google, sur desktop (ordinateur) et mobile entre août et octobre 2015.

Le fait d'écrire pour le lecteur permet de bien référencer son blog, car les moteurs de recherche souhaitent avant tout proposer des sites qui correspondent aux requêtes des visiteurs. En effet, plus Google proposera des résultats qui correspondent aux recherches des internautes, plus ceux-ci réutiliseront Google à l'avenir.

Pourquoi ça augmente le trafic ?

Bien référencer son blog permet ainsi de le faire découvrir à des personnes qui ne vous connaissent pas, mais qui seraient pourtant intéressées par votre contenu.

Google peut vérifier manuellement si un site correspond aux requêtes en faisant lire le contenu par de vraies personnes, mais étant donné le nombre gigantesque de sites existants, ce sont surtout des robots qui calculent la pertinence à l'aide d'un algorithme. Écrire pour les moteurs de recherche équivaut donc à écrire pour le lecteur, mais aussi à remplir les critères demandés par Google, que l'on verra plus en détails au chapitre 4 (p. 85).

À vous de jouer

Êtes-vous prêt à ajouter un peu de technique à votre spontanéité ? Si la réponse est non, êtes-vous prêt à payer des spécialistes pour qu'ils s'en occupent à votre place ?

Ou bien vous préférez juste compter sur les 2 points précédents (à savoir écrire pour soi et pour le lecteur) ?

Trop de trafic ?

Vous souhaitez avoir du trafic sur votre blog, pour toutes les raisons évoquées dans les points précédents. Le trafic vous apportera des avantages et vous permettra d'atteindre vos objectifs, mais il existe aussi des inconvénients qu'il faut connaître avant de s'engager dans ce sens.

- Vous serez plus **sollicité** par vos lecteurs, aussi bien sur votre blog que par e-mail ou sur les réseaux sociaux : répondre aux commentaires et aux différents messages pourra prendre un temps assez conséquent, allant jusqu'à plusieurs heures par jour. Vous devrez vous organiser en prévoyant des plages horaires dédiées aux réponses (ce qui est plus efficace que de répondre dès réception), en mettant des filtres et des codes couleurs dans les e-mails, ou déléguer cette partie en définissant des réponses-types pour les questions les plus fréquentes. Mettre une FAQ (foire aux questions) sur son blog est d'ailleurs un bon moyen de diminuer le flux de questions récurrentes.
- Vous recevrez plus de demandes de **partenariats** de la part de marques qui verront le potentiel de communication de votre blog : ce peut être un avantage si cela fait partie des objectifs de votre blog, mais une grande part des sollicitations ne sera souvent pas en adéquation avec votre ligne éditoriale, ce qui nécessite de faire un tri, encore une fois chronophage.
- Vous aurez plus d'**attentes** de la part de vos lecteurs : ils vont attendre de vous des articles d'une qualité irréprochable (surtout si vous leur avez donné l'habitude d'écrire du contenu de qualité). Ils ne comprendront peut-être pas que vous ne soyez pas derrière votre écran pour répondre à leurs questions quand ils en auront besoin.
- Vous aurez plus de **critiques :** plus vous toucherez de gens, plus il y aura dans le lot des personnes qui ne seront pas d'accord avec ce que vous dites ou qui seront mal intentionnées. Passées les premières émotions (choc, tristesse, colère...) en réaction au message négatif, il est essentiel de se remettre en question et d'essayer de comprendre pour s'améliorer. Pour les critiques non constructives (« T'es moche »), une prise de recul est nécessaire afin de ne pas être touché moralement.

- Vous aurez moins de temps pour votre **vie personnelle :** une journée dure 24 heures et n'est pas extensible alors forcément, si le blog prend une part de plus en plus importante, vous aurez moins de temps pour le reste (famille, amis, loisirs, travail, repos...).

Rappelez-vous quels sont les principaux objectifs de votre blog : ce n'est pas avoir 1000 visiteurs par jour ; c'est avant tout partager, prendre du plaisir, faire des rencontres, se faire connaître ou bien gagner votre vie. Les objectifs qualitatifs sont plus importants que les objectifs quantitatifs.

Sachez faire des pauses, prendre des vacances et organiser vos journées pour ne pas vous laisser déborder. Un épuisement peut vite arriver alors il est important de savoir s'arrêter de temps en temps avant qu'un ras-le-bol ne signe tout simplement la fin de votre blog.

Rendez votre blog inoubliable

Revoyez les bases

Il existe des millions de blogs en France et dans le monde. Alors comment faire pour que l'on vienne vous lire, vous et pas un autre ?

En moyenne, 50 % des internautes ne visitent qu'une seule fois un même blog. En effet, il ne suffit pas d'attirer les lecteurs chez soi, il faut aussi leur donner envie de revenir. En quelques minutes, voire secondes, vous devez montrer qui vous êtes, ce que vous avez à proposer, aussi bien sur le fond que la forme. Un certain nombre d'éléments sont nécessaires pour que :

- vos visiteurs sachent sur quel type de blog ils se trouvent et quels contenus ils vont trouver ;
- retiennent le nom de votre blog ;
- reviennent sur votre blog ;
- puissent vous suivre et vous contacter.

Ce livre n'a pas pour vocation de vous aider à créer un blog (pour cela, vous pouvez lire *Blog It Yourself !*, aux éditions Eyrolles), mais de vous donner les clés pour développer votre audience. Ceux qui ont déjà un blog vont peut-être penser que le chapitre qui suit ne leur est pas destiné, et pourtant le manquement à ces premières étapes est souvent la cause d'un blog déserté.

Reprenez donc les bases (nom de votre blog, nom de domaine, slogan, page À propos, design, navigation) et posez-vous la question : « Est-ce que cela contribue à faire augmenter mon trafic ? »

Choisissez un nom unique

Une des premières étapes dans la création d'un blog est de lui choisir un nom. Celui-ci va avoir plusieurs fonctions :

- il va permettre d'identifier votre blog ;
- il va permettre à vos lecteurs de vous retrouver, en tapant votre nom dans la barre d'URL, mais aussi en faisant une recherche sur les moteurs de recherche ou les réseaux sociaux ;
- on pourra ainsi parler de vous plus facilement.

Le nom de votre blog doit donc être facilement mémorisable. Pour cela, il doit être :

- court (ou en tout cas, pas trop long) ;
- avec des mots simples ;
- impactant ;
- unique.

Mais quel type de nom choisir ?

> **Pourquoi ça augmente le trafic ?**
> Les lecteurs intéressés par votre blog ne pourront y retourner que s'ils s'abonnent ou se souviennent du nom.

Un nom explicite

« Blog mode et beauté », « Informatique à domicile », « Mes conseils en comptabilité », « Le meilleur du DIY », « Trucs de Blogueuse »...

L'avantage d'avoir un nom explicite est que vos lecteurs comprendront d'un coup d'œil de quoi vous voulez parler. Un autre avantage est que vous aurez plus de chances d'être référencé sur les mots-clés que vous aurez choisis. Et si vous prenez un nom qui reprend mot à mot les requêtes dans les moteurs de recherche, tels que « Apprendre la photo », « Cours de guitare », vous aurez sûrement une longueur d'avance, si et seulement si vous appliquez les autres méthodes de référencement bien sûr.

L'inconvénient, c'est que des noms comme « Cours de flûte à bec » ne sont pas forcément très glamour et vos lecteurs ne s'en souviendront pas forcément (« leçons de flûte », « exercices d'instruments à vent », « école de joueurs de flûte », flûte ! c'était quoi déjà ?)

Un nom original

« Doudi d'Ada », « Madame Ananas », « Peacockpeacockpaonpaon », « Hérisson Gris », « Make my lemonade »...

Les noms originaux ne permettent pas vraiment de savoir de quoi va parler le blog, mais ils ont l'avantage d'être mieux retenus et sont uniques en leur genre, comme les noms de marque.

C'est là qu'intervient la baseline, la signature sous le logo qui explique le contenu du blog en quelques mots (voir p. 37).

Un nom à la fois original et explicite

« Les créa de Marie », « Les bijoux de Loïs », « Une souris dans mon dressing », « Gwenadeco », « C'est ma Fournée ! »...

Si votre nom de blog contient à la fois un ou deux mots-clés sur votre thématique et en plus « sonne bien » c'est le top : par exemple, on devine aisément que « C'est ma Fournée ! » va parler de cuisine, et Valérie la propriétaire du blog a fait un jeu de mots avec l'habituelle phrase « C'est ma tournée ».

Pour résumer :

- être **original** permet d'être mieux retenu (avec des jeux de mots si vous avez un peu d'imagination et de créativité) ;
- être **court** et **simple** pour être mieux retrouvé (j'ai beau me souvenir de pie-coque-panpan, je ne me rappelle jamais comment cela s'écrit ! ^^).

À vous de jouer

Quels mots caractérisent le plus votre blog ?

L'antisèche

C'est un blog sur la déco ? La cuisine ? Une ville ? Laquelle ? Des voyages ? Le high-tech ? La grossesse, les enfants ? Votre vie ? Un sport ? La mode ? La beauté ? Les chats ? Notez aussi les synonymes et les univers qui s'y rapportent, pas besoin forcément d'y mettre un mot-clé (par exemple « dressing » pour la mode, « couleurs » pour la photo...).

Qu'est-ce qui le définit particulièrement ? C'est de la déco scandinave ou vietnamienne ? Des recettes light ou pour toute la famille ? Les voyages sont dans des hôtels de luxe ou en mode Pékin Express ? etc.

Quelle est sa principale particularité ?

Ajoutez de la poésie, de la fraîcheur, de l'originalité, ce petit quelque chose qui permettra à vos lecteurs de se souvenir de vous. Un trait de personnalité, votre prénom, un univers, une couleur ? Ou bien inventez même un nouveau mot !

Mixez (ou pas !), faites des combinaisons avec ce que vous avez trouvé et demandez l'avis de votre entourage. Le nom doit être unique, impactant et facile à mémoriser.

Vérifiez si le nom n'est pas déjà pris :

- sur le site de l'INPI (Institut National de la Propriété Industrielle) (→ lien n° 6) : si le nom est déjà déposé dans votre secteur d'activité (thématique de votre blog) et en France, vous n'avez pas le droit de l'utiliser sans l'autorisation du détenteur du nom ;
- en tapant le nom directement sur Google. Si un autre site utilise déjà le même nom, son antériorité vous empêche de l'exploiter, car il y a un risque de confusion dans l'esprit du public.

Enregistrez votre nom de domaine

Qu'est-ce qu'un nom de domaine ?

Le nom de domaine est ce qui permet d'identifier un site Internet. Prenons l'exemple du blog culinaire « C'est ma Fournée ! » : son nom de domaine est cestmafournee.com.

Un nom de domaine peut être utilisé pour plusieurs sites différents si on le divise en sous-domaines. On aurait ainsi pu avoir un blog sur www.cestmafournee.com et un site e-commerce sur boutique.cestmafournee.com par exemple.

Ainsi, si votre blog est hébergé sur une plateforme gratuite comme www.blogspot.com (aujourd'hui www.blogger.com), vous utilisez un sous-domaine chez eux, par exemple cestmafournee.blogspot.com. Vous pouvez toutefois posséder également un nom de domaine personnalisé (www.cestmafournee.com) qui renvoie vers ce blog (cestmafournee.blogspot.com), vos visiteurs seront redirigés sans même le savoir.

Pour que vos visiteurs accèdent à votre blog en tapant directement l'adresse dans leur navigateur, il faut qu'ils vous connaissent et se souviennent du nom de votre blog. L'idéal est donc que **son nom de domaine soit identique au nom du blog :** par exemple pour le blog « C'est ma Fournée ! », si le nom de domaine était www.lafourneedevalerie.com, ça n'aurait pas été très cohérent et vous auriez eu du mal à le retrouver.

En-tête du blog culinaire C'est ma Fournée ! : le nom de domaine et le nom du blog sont identiques.

Pourquoi ça augmente le trafic ?

Les différents avantages d'un nom de domaine personnalisé sont :

- avoir une **adresse plus courte** : si Valérie avait laissé l'adresse de son blog avec la plateforme qu'elle utilise, son adresse aurait été cestmafournee.blogspot.com ;
- être **plus facile à retenir pour vos lecteurs**, vu qu'il est plus court. On n'a pas besoin de se demander si le blog est sous WordPress ou Blogger ou Canalblog ;
- être plus **professionnel** : le blog paraît d'un coup plus crédible, plus abouti.

Évitez les accents dans le nom de domaine car vos lecteurs auront tendance à l'écrire sans. De même, préférez les noms de domaine sans tiret, c'est plus simple à dire à l'oral que « mon adresse c'est 3 W, trucs avec un S, tiret du 6, de, tiret du 6, blogueuse sans S, point com »...

Où enregistrer un nom de domaine ?

Il existe plusieurs organismes (appelés registraires) où il est possible d'enregistrer un nom de domaine. Les plus connus en France sont OVH, 1&1 ou Gandi. Un nom de domaine coûte environ 10 €/an. Il doit être renouvelé chaque année sous peine de faire disparaître le blog (ou de revenir au nom avec la plate-forme utilisée).

Vérifiez si le nom de domaine est disponible

Vous ne pouvez enregistrer un nom de domaine que s'il n'a pas déjà été pris par quelqu'un d'autre. Par exemple trucsdeblogueuse.com ne peut pas être enregistré de nouveau, car je l'ai déjà fait pour mon blog, et un nom de domaine ne renvoie que vers un seul site.

Même si trucsdeblogueuse.fr (ou autres variantes au pluriel) était disponible, vous n'auriez pas le droit de l'enregistrer, en raison des deux motifs évoqués pour le choix du nom du blog :

- le terme « Trucs de Blogueuse » est protégé à l'INPI,
- le public pourrait le confondre avec mon blog.

En pratique

Pour savoir comment enregistrer un nom de domaine, comment le paramétrer une fois qu'on l'a enregistré, et décider s'il faut prendre un hébergement avec le nom de domaine → lien n° 7.

À vous de jouer

Votre blog est-il un loisir ou bien avez-vous des objectifs plus ambitieux ?

- ☐ Il s'agit d'un loisir : un sous-domaine sur une plateforme de blog gratuite peut suffire.
- ☐ Je souhaite investir dans mon blog : il vaut mieux avoir votre propre nom de domaine.

Vérifiez que le nom de domaine n'est pas déjà pris :

- ☐ à l'INPI,
- ☐ sur Google,
- ☐ sur un des registraires,
- ☐ puis enregistrez-le.

Sinon, réfléchissez à un autre nom de blog et nom de domaine.

Définissez une baseline

APPELÉE aussi slogan ou signature, la baseline est la phrase que l'on trouve sous le logo. Elle définit en quelques mots le contenu du site et permet de connaître très rapidement son positionnement. Elle aide le lecteur à comprendre en un clin d'œil sur quel type de blog il se trouve.

Baseline du blog Trucs de Blogueuse : « Vivre pour bloguer, bloguer pour vivre ».

Baseline du blog Madame Ananas : « Lifestyle, Vie en Californie, DIY, Photographie, Voyages, Pâtisserie ».

Baseline du blog Rose Home : « Conseils et idées déco, Chine, Brocante, Cakes et Gourmandises… ».

Baseline du blog Milk with mint : « Blog lifestyle ».

La baseline est une phrase d'accroche qui doit être à la fois :

- **courte :** pour être impactante ;
- **compréhensible :** avec des mots simples ;
- **unique :** si vous reprenez le « Just Do It » de Nike, vos lecteurs ne vont peut-être pas comprendre et croire que vous allez parler de baskets ;
- **originale, drôle :** si vous utilisez « Just Do It Yourself » pour un blog DIY ça peut être assez impactant par contre ;
- **représentative du contenu du blog :** il faut bien sûr que l'on sache grâce à cette accroche de quoi va parler votre blog.

Pourquoi ça augmente le trafic ?

C'est en comprenant sur quel type de blog il se trouve que le lecteur saura si les thématiques que vous proposez pourront l'intéresser et ainsi le faire revenir.

À vous de jouer

Expliquez en quelques mots ce que l'on va trouver sur votre blog :

Essayez de formuler une phrase d'accroche percutante avec ces mots :

Démarquez-vous

J'AI évoqué certaines thématiques sur lesquelles il existe beaucoup de blogs « concurrents ». En réalité, je pense qu'il n'y a pas vraiment de concurrence car en général on aime bien suivre plusieurs blogs à la fois. En revanche, il est important de se démarquer en apportant une valeur ajoutée par rapport aux autres blogs sur le même thème : le but est de sortir du lot pour que l'on se souvienne de vous parmi les milliers d'autres blogs. Il faut se demander : « Pourquoi lirait-on mon blog plutôt qu'un autre ? »

On peut se démarquer de diverses manières.

- **En premier lieu, en faisant ressortir votre personnalité :** un blog, c'est avant tout une blogueuse ou un blogueur, c'est ce qui distingue un blog d'un site d'actualité. Parlez donc de vous, de votre expérience et partagez vos réflexions. C'est en apprenant à vous connaître que vos lecteurs s'attacheront à vous et reviendront vous lire.
- **En vous adressant à des lecteurs spécifiques** au lieu de vous adresser à tout le monde. Par exemple, mon agence web « Blog Me Tender » est destinée aux blogueurs. Je me ferme donc peut-être des portes par rapport aux non-blogueurs qui souhaiteraient avoir un site Internet, mais au moins les blogueurs savent que je leur propose des prestations tout à fait adaptées à leurs besoins.
- **En affinant votre thématique :** par exemple, faire du DIY de déco style vintage attirera un public précis qui sera fidèle, alors que faire du DIY à la fois de déco, de cosmétiques faits maison et de vêtements pour enfants est trop large : chacun des sujets pourra intéresser des personnes différentes, mais un lecteur donné ne voudra sûrement pas lire la totalité des articles de votre blog.
- **Avec un concept original :** par exemple, la particularité du blog « C'est ma Fournée ! », est que Valérie revisite les recettes des grands chefs et les rend ainsi accessibles.
- **En abordant un sujet d'une manière différente :** par exemple, donner des bons plans en banlieue (il n'y a pas que Paris qui bouge, et il y a quand même une plus grande cible que le village retiré de la Creuse).

- **En utilisant un ton particulier :** ça revient un peu à faire transparaître sa personnalité comme vu au premier point. Par exemple, avec de l'humour, une façon de parler. J'ai même déjà vu une blogueuse qui « insultait » ses lecteurs... (c'est assez particulier quand même).
- **En variant les médias :** photos, vidéos, podcasts, dessins... On voit souvent des photos réalisées soi-même dans les blogs mode, mais pourquoi pas dans un blog sur les livres ? De même pour les vidéos sur les blogs beauté, mais pourquoi pas aussi sur les blogs de bons plans resto ?

Pourquoi ça augmente le trafic ?

Parce que votre blog aura ce petit quelque chose de plus, qui fait qu'on viendra vous lire et pas un autre.

À vous de jouer

Demandez à votre entourage le plus proche comment il vous perçoit et essayez d'intégrer ces traits de personnalité à votre blog.

Comment pouvez-vous ajuster la thématique de votre blog pour ne pas ressembler aux autres ?

Soyez présent

Un blog sans blogueur, c'est comme une fondue savoyarde sans fromage ou un brownie sans chocolat : cela n'a pas de saveur. Le supplément d'âme, c'est vous.

Pour que vos lecteurs se souviennent de vous, il faut qu'ils vous apprécient, donc donnez-leur l'opportunité de vous connaître : montrez qu'il y a une vraie personne derrière vos écrits.

Montrez-vous

Que vous souhaitiez utiliser votre vraie identité ou garder l'anonymat, montrez à vos lecteurs que vous êtes le propriétaire des lieux.

- Signez de votre nom (ou pseudonyme) vos articles.
- Répondez aux commentaires avec ce nom-là (et non pas avec le nom du blog, sinon vos lecteurs ne pourront pas vous interpeller : mes lecteurs me disent « Bonjour Mia » et non pas « Bonjour Trucs de Blogueuse »).
- Mettez une photo de vous (ou un avatar qui vous représente) : une image permet de mettre un visage sur un nom et de mieux s'en souvenir car, en général, on se souvient mieux des blogueurs que des blogs en eux-mêmes. Et si vous mettez une vraie photo de vous, vous créez immédiatement une relation de confiance.
- Faites une page À propos (voir p. suivante).
- Parlez à vos lecteurs en utilisant les pronoms « je », « nous » et « vous » (ou « tu » si vous préférez).

Montrez votre personnalité

De par votre vocabulaire, le ton que vous employez, votre façon de raconter et d'expliquer les choses, montrez qui vous êtes réellement.

Et surtout, soyez **honnête**. On se souvient des gens qui osent dire la vérité, même si elle n'est pas rose. On pardonne à quelqu'un qui fait des erreurs sans le vouloir et qui le reconnaît, par contre on blâme et on boycotte quelqu'un qui le fait pour essayer de tromper ses lecteurs, notamment quand il est question de monétisation.

Parlez de vous

Selon les sujets que vous abordez, racontez des anecdotes, donnez des exemples, faites part de votre expérience, donnez votre avis.

> **Pourquoi ça augmente le trafic ?**
>
> Les lecteurs suivent un blog pour son contenu, mais aussi parce qu'ils aiment la personnalité du blogueur ou qu'ils s'identifient à lui.

Checklist

Cochez ce que vous avez déjà mis en place sur votre blog et passez à l'action pour le reste.

- ☐ Je signe chacun de mes articles avec mon nom ou un pseudonyme.
- ☐ J'ai une photo de moi ou un avatar unique.
- ☐ J'ai une page « À propos » ou « Qui suis-je ? » qui parle de moi.
- ☐ Je rédige mes articles avec le pronom « je » et « vous ».
- ☐ Je donne mon avis et fais part de mon expérience personnelle dans mes articles.

Écrivez une page À propos

Qu'est-ce qu'une page À propos ?

C'est un peu la carte d'identité de votre blog. Elle permet de renseigner vos lecteurs sur la thématique de votre blog et de leur expliquer ce qu'ils vont pouvoir y trouver. C'est également l'occasion de vous présenter, ce qui leur permettra de mieux connaître la personne qui écrit, c'est-à-dire vous !

Comment faire une page À propos (originale) ?

Il y a plus ou moins une structure à respecter, comme pour les articles en général où il faut une introduction, des paragraphes et une conclusion (voir comment écrire un article comme un pro → lien n° 8).

On peut rédiger sa page À propos avec ces différentes parties.

1/ Définition du blog en quelques phrases pour planter le décor et donner envie de lire la suite, et surtout pour montrer à vos lecteurs que le blog va pouvoir les aider.

2/ Présentation personnelle :

- votre **nom, prénom ;**
- votre **photo ;**
- votre **histoire**, votre **parcours** : faire entrer vos lecteurs dans votre histoire leur permet de comprendre votre démarche, voire de s'identifier à vous, et de leur donner l'impression de mieux vous connaître (cela leur permet donc de mieux se souvenir de vous) ;
- votre **expertise** (ou pas) : que ce soit par votre formation, votre expérience, votre passion pour un domaine ou le fait de vouloir développer une compétence, expliquez pourquoi vous serez pertinent pour vos lecteurs. Même si vous n'êtes pas expert dans un domaine, votre vision de débutant peut intéresser certaines personnes qui seront dans le même cas que vous ;
- **pourquoi ce blog** : expliquez pourquoi vous avez eu envie de créer ce blog, ce que vous en attendez. Rien que le fait de dire que vous souhaitez faire de nouvelles rencontres avec des personnes qui partagent votre passion donnera envie à vos lecteurs de se manifester et d'entrer en contact avec vous.

3/ Description du blog :

- donnez à vos lecteurs de bonnes raisons de revenir, la « promesse » de ce qu'ils pourront trouver à l'avenir, les types de sujets que vous allez traiter et qui pourraient les intéresser ;
- mettez en avant votre différence, ce que vous apportez de plus par rapport aux autres blogs traitant de la même thématique (sans pour autant forcément vous comparer et encore moins en critiquant les autres) ;
- ajoutez quelques lignes avec des liens vers les articles phares de votre blog. Si vous avez plusieurs rubriques, c'est l'endroit idéal pour expliquer ce qu'on trouve dans chaque partie.

4/ Moyens de contact : après toutes les informations que vous leur avez données, vos lecteurs voudront peut-être vous contacter alors donnez-leur tous les moyens de garder contact avec vous, que ce soit sur les réseaux sociaux ou par e-mail (attention de ne pas mettre directement votre adresse e-mail sur la page pour éviter les spams : un formulaire de contact est idéal).

Montrez votre personnalité, soyez original : votre À propos doit être représentatif de ce que vos lecteurs vont trouver sur votre blog, aussi bien dans le fond que dans la forme.

Alors que vous abordiez vos articles avec humour, sérieux, professionnalisme, etc., il faut que tous vos traits de personnalité et votre différence ressortent dans votre À propos.

Si vos articles sont sous forme de vidéo, vous pouvez aussi faire une vidéo pour votre À propos ; idem si vous faites des illustrations, etc. Comme vous l'avez compris, cette page doit être le **reflet de votre blog** et donner envie d'y revenir.

La page doit être **accessible** depuis tout le blog, elle doit donc si possible être présente dans le menu, la barre latérale ou le footer (pied de page).

Elle doit être bien **identifiable**, c'est-à-dire appelée « À propos ».

Pourquoi ça augmente le trafic ?

La page **À propos** vient renforcer l'avis qu'on s'est déjà fait du blog grâce à la baseline et à la personnalité du blogueur : elle va conforter le lecteur dans son choix de suivre le blog ou pas.

À vous de jouer

Faites une introduction en une ou deux phrases qui donne envie de lire la suite et montre votre personnalité.

Présentez-vous : indiquez vos nom et prénom, racontez votre histoire et votre parcours, et donnez les raisons pour lesquelles vous avez créé ce blog.

Décrivez le blog : de quels sujets allez-vous parler, mettez des liens vers vos articles phares, expliquez pourquoi vos lecteurs seront intéressés par vos futurs articles.

Par quels moyens peut-on vous contacter ou s'abonner à votre blog ?

Soignez le design

Un blog, c'est bien. Un beau blog, c'est mieux ! Vous pensez que le plus important dans un blog, c'est le contenu. Je suis d'accord avec vous. Et dans une chambre d'hôtel, c'est le confort d'un lit. Dans un restaurant, le plat que l'on mange. Au cinéma, le film qu'on regarde, etc.

N'empêche qu'une belle chambre va faire qu'on s'y sent bien ou pas ; la déco d'un restaurant va nous faire encore mieux savourer notre repas ; l'affiche d'un film nous décide à aller le voir, ou la couverture d'un livre à le lire.

Le visuel est ce qu'on remarque en tout premier, c'est la première impression qui va rester et nous suivre jusqu'au bout. C'est pareil pour le design d'un blog.

En un clin d'œil, la première chose qu'un visiteur voit sur un site, ce sont les couleurs, le logo, les images, les polices, les formes. Et avec ça, même sans forcément lire le texte, on peut deviner inconsciemment le type de site et la cible.

Même si la beauté est quelque chose de subjectif, il faut soigner un minimum le design pour avoir **un blog qui vous ressemble**. La charte graphique doit correspondre à vos valeurs, à votre personnalité. Le design donne l'ambiance du site et est un peu un gage de qualité, car cela montre que le propriétaire du site a mis du temps, a réfléchi à son « décor » pour accueillir ses visiteurs. Le blog reflète votre image de marque, donc il faut en prendre soin.

Pourquoi ça augmente le trafic ?

Un blog avec un beau design permet de donner envie aux **nouveaux visiteurs** de le lire, mais également de les faire **revenir,** car ils s'y sentent bien.

Bien sûr, entre un blog beau mais sans contenu et un blog classique avec du contenu intéressant, je préfère la 2e solution, mais si on peut avoir à la fois le **design**, le **contenu**, l'**ergonomie** (il faut qu'on trouve facilement les choses) et les **fonctionnalités**, c'est le succès assuré.

Un point important et qui contribue au design est la qualité des images : que ce soit des photos ou des illustrations, elles doivent être représentatives de l'article, non pixellisées, avec une bonne luminosité, bien cadrées. L'idéal est de prendre soi-même ses photos (voir les conseils pour prendre des photos de qualité → lien n° 9), mais si vous préférez utiliser des photos faites par d'autres, veillez à respecter les points suivants.

- Ne prenez que des **images libres de droit :** n'utilisez jamais d'images sans l'autorisation de l'auteur. Non seulement ce n'est pas éthique, mais en plus vous encourez le risque d'être poursuivi en justice.
- Indiquez la **source** et les **crédits** de cette image lorsque les conditions le requièrent. À noter que « Pinterest » et « Google Images » ne sont pas des crédits étant donné que les images proviennent d'autres sites avant d'être sur Pinterest ou Google Images. Vous devez mentionner l'auteur de l'image et le site où il l'a mise à disposition.

Vous pouvez trouver des images libres de droit gratuites ou payantes sur des dizaines voire centaines de sites, les plus connus et fournis étant Fotolia, Pixabay, GettyImages ou bien Flickr (filtrer les photographies en Creative Common).

Tout est dans le détail : n'oubliez pas non plus de personnaliser le favicon de votre blog (la petite image que l'on retrouve à côté du titre dans le navigateur Internet, à côté de l'URL ou dans les favoris, d'où son nom). Il symbolise le site web et doit être unique pour permettre de l'identifier rapidement entre les différents sites sur les autres onglets.

Le favicon de « C'est ma Fournée ! » est un petit icône sur fond noir avec les initiales CMF (comment créer un favicon → lien n° 10).

À vous de jouer

Réfléchissez à une charte graphique homogène

Codes couleur : inspirez-vous des associations de couleurs sur le site design-seeds.com (→ lien n° 11) ou allez plus loin avec le livre *Choisir ses couleurs pour le web* (éditions Eyrolles).

Typographie (2 à 3 maximum) : choisissez une police facile à lire pour le contenu texte et les titres (exemples sur le site cssfontstack.com → lien n° 12) et éventuellement une plus originale pour le nom du blog (voir le site dafont.com/fr → lien n° 13).

Structure de votre blog (articles dans l'ordre antéchronologique, slider, blocs, barre verticale, etc.) : voir les différentes structures → lien n° 14.

Style des photos et images (vintage, corporate, girly, illustrations flat design...).

Autres éléments graphiques (motifs, formes : arrondis, étoiles... ?).

Réfléchissez au parcours du visiteur

On parle de « parcours client » lorsqu'il s'agit d'un site e-commerce, mais il est tout aussi important de déterminer le chemin que l'on souhaite faire emprunter aux visiteur sur son blog.

Un blog ergonomique pour donner envie de lire

On a vu l'importance du design pour faire entrer vos lecteurs dans votre univers et montrer votre image de marque. Mais une charte graphique ne suffit pas à attirer des visiteurs, il faut que le blog soit ergonomique pour en **faciliter la lecture**. Cela implique un certain nombre de contraintes.

- Avoir ce qu'il faut là où il faut : afin de ne pas perdre les visiteurs, il est important de respecter les codes du web, comme le logo en haut à gauche (ou en haut centré) dont le clic renvoie vers la page d'accueil, un menu qui regroupe vos différentes rubriques, les liens cliquables soulignés...
- Des espaces aérés : pas de surcharge d'informations, sinon l'œil est constamment attiré par d'autres éléments et ne sait plus quoi lire.
- Dans les articles eux-mêmes, respecter une mise en page qui permet une hiérarchie de lecture avec des paragraphes, des intertitres (voir p. 66).
- Un chargement rapide des pages (voir p. 51).
- Un affichage optimal sur tous les écrans (voir p. 54), aussi bien de la structure du blog et des images que de la taille des polices.
- Des liens ou des boutons et appels à l'action clairs qui envoient vers un contenu qui correspond à l'annonce.

Une navigation facile pour donner envie de rester

Les visiteurs qui arrivent sur votre blog atterrissent directement sur la page d'accueil ou sur un article donné. Après avoir lu cette page en question, il est important de faciliter la navigation pour qu'ils lisent d'autres contenus de votre blog. Pour cela, il existe différents moyens.

- Un menu placé en haut du blog, et pourquoi pas fixé en haut de l'écran quel que soit le niveau de scroll.
- Dans les articles eux-mêmes, des liens vers d'autres articles auxquels vous faites référence. Cela améliore le référencement naturel (voir chapitre 4).

- En bas de chaque article, une ou plusieurs propositions d'articles qui parlent de sujets similaires.
- Des catégories bien définies selon votre ligne éditoriale (voir p. 60) et bien organisées dans le menu, avec des sous-catégories si besoin.
- Des liens depuis la colonne verticale ou le bas de page pour envoyer vers du contenu pertinent, par exemple les articles les plus lus ou les plus commentés.
- Une barre de recherche bien visible permettant de trouver du contenu spécifique.
- Une page d'accueil qui soit, comme son nom l'indique, accueillante : que ce soit pour afficher les derniers articles publiés et/ou présenter les différentes rubriques du blog, cette page doit être particulièrement claire et bien organisée.

Le tout est de trouver un équilibre entre l'invitation à lire d'autres articles, et le fait de ne pas surcharger les pages si on souhaite atteindre d'autres objectifs tels que le partage sur les réseaux sociaux ou l'inscription à la newsletter par exemple.

Pourquoi ça augmente le trafic ?

Un blog agréable et facile à lire, c'est un blog où on reste et où on revient.

Checklist

Cochez ce que vous avez déjà mis en place sur votre blog, et passez à l'action pour le reste.

- [ ] Un logo en haut qui renvoie vers la page d'accueil.
- [ ] Un menu vers les différentes rubriques du blog.
- [ ] Une barre de recherche.
- [ ] Une page d'accueil avec les derniers articles publiés, ou des liens vers les différentes thématiques (→ lien n° 91).
- [ ] Des liens vers d'autres articles.

Optimisez le temps de chargement

L'ÉVOLUTION des technologies, les débits de connexion Internet qui augmentent toujours plus, les modes de consommation, notamment sur mobile, ont largement modifié nos comportements ces dernières années. Nous sommes dans une ère où tout doit aller très vite : si quelque chose ne nous convient pas, on passe à autre chose rapidement. Dans ce contexte, le blog doit donc se charger le plus rapidement possible.

Pourquoi ça augmente le trafic ?

47 % des internautes abandonnent un site web si une page met plus de 3 secondes à s'afficher, d'après une étude faite par l'institut de sondages et d'études de marché Harris Poll en 2015 (→ lien n° 15).

Les principales raisons qui augmentent le temps de chargement d'un site sont les suivantes.

- **Des images lourdes :** rien ne sert de mettre des images qui font 2 500 pixels de large si la largeur de vos articles ne fait que 800 pixels. Pour optimiser les images, redimensionnez-les sur un logiciel de traitement d'images avant de les envoyer sur votre blog. Les logiciels les plus connus sont Photoshop (payant) et GIMP (gratuit), mais ils sont assez complexes à utiliser. Il existe aussi une multitude de logiciels gratuits accessibles en ligne et faciles d'utilisation, comme Fotor.com ou Befunky.com (plus de détails → lien n° 16).
- **Un site mal codé**, notamment des codes Javascript, qui mettent beaucoup de temps à charger ; des gadgets, widgets qui vont utiliser des ressources externes comme les Likebox Facebook ou Twitter par exemple.
- **Un serveur qui met du temps à répondre :** l'hébergement que vous avez pris pour votre blog n'est peut-être pas adapté à votre contenu, si vous avez beaucoup d'images et de vidéos.

Le temps de chargement pourra ainsi être optimisé de plusieurs manières : optimisez vos images, utilisez un site codé proprement (n'achetez vos templates que sur des sites reconnus et n'hésitez pas à faire appel à des développeurs).

À vous de jouer

Allez sur le lien n° 17 et vérifiez combien de temps met votre blog à se charger.

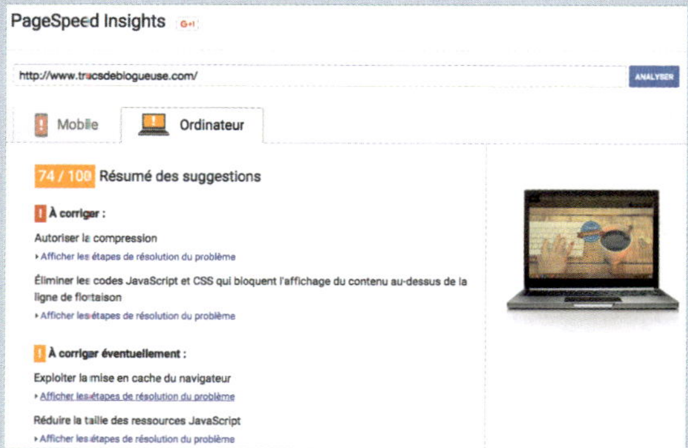

Vitesse de chargement du blog Trucs de Blogueuse mesurée avec l'outil PageSpeed Insights : optimisé à 74 %.

Checklist

Cochez ce que vous avez déjà mis en place sur votre blog et passez à l'action pour le reste. N'hésitez pas à passer par un développeur qui pourra gérer tous les points techniques.

- ☐ Optimisez la taille et le poids des images avant leur mise en ligne grâce à des logiciels de traitement d'images et/ou optez pour un plugin qui le fait automatiquement pour vous (si votre blog est sur Wordpress, vous pouvez utiliser l'extension WP Smush*).
- ☐ Utilisez un template de blog trouvé sur des sites reconnus.
- ☐ Affichez les images seulement lorsqu'elles apparaissent à l'écran : les images en bas de page ne seront chargées que quand le visiteur aura fait défiler la page (principe du *lazy load**).

- ☐ Faites une mise en cache de votre blog : les internautes ayant déjà visité votre blog une première fois vont garder en mémoire la plupart des fichiers du blog présents sur chaque page (ex : logo, images d'en-tête) dans leurs données de navigation. Le blog n'aura donc pas besoin d'être chargé entièrement à chaque visite, ce qui va en accélérer l'affichage*.
- ☐ Affichez en priorité le contenu visible (au-dessus de la ligne de flottaison, c'est-à-dire ce qu'on voit à l'écran sans avoir à scroller) : sur le même principe que le *lazy load* pour les images, seul le contenu visible sans avoir à faire défiler la page va être chargé ; le reste s'affichera au fur et à mesure que vous descendrez dans la page*.
- ☐ Réglez les autres corrections conseillées par l'outil PageSpeed Insights. La grande majorité est très technique, donc pensez à faire appel à un développeur (→ lien n° 19).

* Pour plus de détails sur les différentes optimisations → lien n° 18.

Rendez votre blog mobile

En septembre 2016, 54,3 % des connexions Internet se font sur mobile selon Médiamétrie (→ lien n° 20). Par ailleurs, sur les résultats de recherches faites sur mobile, Google positionne mieux les sites dont l'affichage est optimisé pour le mobile (voir chapitre 4, p. 95-96). Si vous avez testé votre blog avec l'outil de mesure du temps de chargement vu p. 52, vous avez dû voir également l'importance du mobile.

Que d'arguments qui démontrent que pour augmenter le trafic de votre blog, vous devez absolument l'optimiser pour la lecture sur le mobile :

- en ayant une **version mobile** de votre blog : cela consiste à avoir un 2e site, qui s'affiche lorsque le site détecte que le type de support est un Smartphone ;
- ou bien en ayant un **design responsive** : il y a un seul site mais l'affichage s'adapte selon la largeur de l'écran, qu'il s'agisse des différentes tailles d'écran d'ordinateurs ou bien d'une tablette ou d'un téléphone.

Checklist

Vérifiez si le blog est compatible sur mobile en le testant sur le lien n° 22. Vérifiez que chaque élément est adapté à l'utilisation sur petit écran.

- ☐ Le texte est lisible : taille et couleur de la police.
- ☐ Les liens et boutons sont assez gros pour le clic avec les doigts.
- ☐ Le menu permet d'accéder à toutes les rubriques.
- ☐ La navigation est possible partout, notamment le balayage sur les sliders.
- ☐ Les éventuels pop-ups ne gênent pas la lecture et peuvent être fermés facilement.
- ☐ Le blog s'affiche rapidement (voir p. 51).

Si le blog n'est pas compatible, créez un site mobile ou optez pour un design responsive (→ lien n° 21).

Utilisez des médias diversifiés

Vous pouvez rendre votre blog inoubliable en proposant des supports variés : du texte, des photos, des podcasts ou encore des e-books.

Pourquoi ça augmente le trafic ?

Proposer divers supports permettra de vous démarquer de ceux qui n'utilisent qu'un seul type de média et également toucher une plus grande audience :

- ceux qui sont sensibles aux images seront séduits ;
- ceux qui préfèrent écouter et/ou voir seront comblés par vos podcasts et/ou vidéos ;
- ceux qui choisissent de lire pour aller à leur rythme seront satisfaits par vos écrits.

Checklist

Quel type de multimédia proposez-vous sur votre blog ? Lequel souhaiteriez-vous développer ?

	Déjà proposé	À proposer
• Du texte	☐	☐
• Des photos	☐	☐
• Des illustrations	☐	☐
• Des infographies	☐	☐
• Des vidéos	☐	☐
• Des podcasts	☐	☐
• Du contenu dynamique	☐	☐
• Des e-books	☐	☐
• Des livres papier	☐	☐
• De la 3D	☐	☐

Sandrine, du blog Fraise Basilic

60 000 visiteurs/mois

Peux-tu décrire ton blog en quelques mots ?

Mon blog est principalement un blog food, mais on peut également y trouver des bonnes adresses et city guides, ou encore quelques DIY.

Pourquoi blogues-tu ?

J'ai créé le blog à un moment où, professionnellement, je m'ennuyais un peu. Le blog est né d'une envie d'avoir un espace d'expérimentation à moi, qui me permettrait de créer et de partager des recettes, des idées, des bonnes adresses...

Les photos qui illustrent ton blog sont magnifiques. Penses-tu que cela contribue au succès de ton blog ?

Dans la « vraie vie », on apprécie un plat tout d'abord grâce à notre odorat (on a tous en nous le souvenir de l'odeur des gâteaux encore tièdes qui flottait dans l'air chez nos grands-mères...), puis forcément en goûtant le plat. Les images sont très importantes en photographie culinaire puisqu'elles sont, dans un premier temps, le seul élément qui va nous donner envie, ou non, de passer derrière les fourneaux.

Peux-tu nous donner quelques conseils pour améliorer la qualité de ses photos ?

Travailler, encore et encore. Essayer, rater et essayer à nouveau. Exercer son œil en allant flâner sur des blogs qui nous inspirent (Pinterest est une vraie mine d'or pour cela), et apprivoiser son boîtier (en commençant déjà par lire le mode d'emploi...). Il n'y a rien de pire que d'être bloqué par la technique !

Tu es aujourd'hui photographe culinaire et directrice artistique. Était-ce déjà ton métier avant de commencer ton blog ou bien t'es-tu professionnalisée avec le temps ?

À la naissance du blog, j'étais déjà directrice artistique. J'étais donc sensible à la lumière, aux couleurs, aux belles images et aux compositions qui fonctionnent. J'ai toujours eu un appareil photo dans les mains, mais c'est vraiment le blog qui m'a poussée à progresser et qui a été, sans commune mesure, l'élément déclencheur de ma décision de me mettre à mon compte afin de vivre aujourd'hui de mes deux passions que sont le graphisme et la photographie culinaire.

Le design de ton blog est très épuré, sa structure est unique. Penses-tu que le design d'un blog est important pour sa réussite ?

Comme lors d'une rencontre, le visuel est le premier élément qui va nous donner envie de creuser. Il m'est arrivé plusieurs fois d'ouvrir un blog et de le refermer aussi vite à cause d'une première impression très négative (trop de pub, navigation illogique, design trop chargé...).

Selon toi, quelles sont les raisons de ton succès ?

Difficile de répondre à cette question, posez-la peut-être à mes lecteurs. En tout cas, j'ai toujours cherché à rester moi-même, à ne pas me laisser « corrompre » (le mot peut sembler un peu fort, mais c'est l'idée) par des partenariats avec des marques qui ne me correspondraient pas ou par de la publicité à outrance sur le blog (il n'y en a jamais eu, et cela ne changera pas).

Quels sont tes objectifs pour l'avenir ?

Continuer à alimenter cet espace à mon rythme, sans me soucier des statistiques et, surtout, continuer à le faire par plaisir.

Un conseil à donner aux blogueurs qui souhaitent augmenter le trafic de leur blog ?

Le trafic ne devrait pas être une finalité en soi. Je suis persuadée qu'il vaut mieux un trafic qualifié, avec un lectorat engagé, qui commente, qui réagit, plutôt qu'un trafic important sans interactions.

Intéressez vos lecteurs

Définissez votre ligne éditoriale

POUR un blog, la ligne éditoriale caractérise le fil conducteur en termes de contenus, aussi bien sur le fond (types de sujets abordés) que sur la forme (style rédactionnel, mise en page…).

Avec une ligne éditoriale bien définie et claire, le blog est reconnaissable et se distingue des autres facilement. Elle garantit une cohésion dans le contenu, aussi bien en termes de sujets abordés, de façon d'écrire que dans la personnalité du blogueur, ce qui permet de rendre le blog plus pertinent dans sa thématique.

Pour définir la ligne éditoriale de votre blog, il y a un certain nombre de questions à se poser.

- Quels sont les **objectifs** du blog ? Par exemple : partager vos connaissances, faire des rencontres ? Vous avez dû y répondre p. 13.
- Qui sont les **lecteurs** ? Quels sont leurs besoins, connaissent-ils bien votre thématique ? Par exemple, cela peut être des amateurs de chocolat, des mamans qui n'ont pas beaucoup de temps à consacrer à la cuisine, ou des étudiants avec peu de revenus… (comme vu p. 22).
- Quels **sujets** seront abordés ? On les retrouvera dans les catégories du blog. Par exemple, seulement des desserts ? Des recettes *healthy*, entrées, plats, desserts et boissons ? Des plats à faire en moins de 20 minutes ? Des recettes selon la saisonnalité des produits ? Ou bien tous les plats sans distinction ? Des visites de restaurants ?
- Comment vous adresserez-vous à vos lecteurs (**ton, vocabulaire, type de médias…**) ? Considérez-vous qu'ils connaissent déjà les bases de la cuisine ou bien sont-ils débutants ? Est-ce que vous les tutoyez ou vous les vouvoyez ? Ferez-vous des vidéos, podcasts, recettes imprimables ?
- À quel **rythme** de publication ? Par exemple, à chaque repas, soit matin, midi et soir ? Ou une fois par jour, une fois par semaine ?
- Sur quels **supports** ? Le blog, les réseaux sociaux, mais aussi le papier sous forme de livre imprimé ?

Une fois que votre ligne éditoriale est définie, vous avez toujours la possibilité de la modifier selon les attentes de vos lecteurs et selon vos envies qui peuvent évoluer.

Il peut aussi vous arriver de sortir de votre ligne éditoriale (par exemple si vous souhaitez parler de sport sur un blog de cuisine), mais c'est peut-être justement un signe que vous devez la faire évoluer pour intégrer cette nouvelle thématique plus durablement ?

À vous de jouer

Sur quelles thématiques souhaitez-vous bloguer ?

Comment vous adresserez-vous à vos lecteurs ? Barrez les mentions inutiles.

- Comme à des débutants / comme à des connaisseurs / les deux, avec des articles adaptés pour chacun.
- Vous allez les : tutoyer / vouvoyer.
- Avec du texte / des podcasts / des vidéos / autres :

À quelle fréquence souhaitez-vous publier de nouveaux articles ? Des jours et heures précis ?

Sur quels supports allez-vous bloguer, c'est-à-dire créer du contenu (à ne pas confondre avec « communiquer » qui sera juste du partage de vos articles) ?

- [ ] Un blog classique
- [ ] Facebook avec les *Instant Articles*
- [ ] YouTube
- [ ] LinkedIn
- [ ] Des plates-formes de micro-blogging comme Tumblr, Medium
- [ ] Autres :

Quel contenu pour chaque support ? (Il ne faut bien sûr pas dupliquer le contenu d'une plate-forme à l'autre, voir p. 104.)

Écrivez des articles de qualité

Si je n'avais qu'un seul conseil à vous donner pour générer du trafic vers votre blog, ce serait : **écrivez des articles de qualité**. En effet, c'est seulement en proposant du contenu intéressant que des lecteurs viendront lire vos articles, qu'ils les partageront éventuellement et reviendront pour vos prochaines publications. Cela s'appelle le marketing de contenu.

De plus, un contenu de qualité sera également perçu comme tel par les moteurs de recherche (voir chapitre 4, p. 103), qui placeront vos articles en bonne position sur vos thématiques.

Soyez remarquable, écrivez des articles de qualité, utilisez les méthodes de rédaction des écrivains et intéressez vos lecteurs. Pour cela, respectez les points suivants pour chaque article.

- Répondez à un **besoin précis**, à une question. Le lecteur doit avoir obtenu sa réponse ou satisfait sa curiosité à la fin de l'article. Par exemple, « comment faire des cookies moelleux » ?
- Écrivez avec le but d'être le **meilleur** sur votre sujet : votre article doit être le plus **complet** possible, avec des liens vers vos sources si besoin. Il doit s'agir d'un texte qu'on aurait envie de faire lire à quelqu'un qui recherche la même information que soi. Par exemple, donner les ingrédients des cookies ne suffit pas, la recette doit pouvoir être faite même par quelqu'un qui ne sait pas ce qu'est un batteur ou un cul-de-poule.
- Faites des **recherches** pour voir ce que d'autres blogueurs ont déjà écrit à ce sujet, et pour vérifier vos sources. Vous verrez ainsi si vous n'avez pas oublié certains aspects du sujet traité et pourrez aussi adopter un angle différent. Comme vu précédemment, vous devez proposer un article qui devienne la référence sur ce sujet.
- Essayez à chaque fois que cela est possible de remettre les choses dans leur **contexte**. Par exemple, si vous donnez la recette des cookies de Laura Todd, vous pouvez expliquer qu'il s'agit de cookies américains fondants et moelleux à l'intérieur et croustillants à l'extérieur, créés par une société qui possède plusieurs boutiques aux États-Unis et en France, et que ce sont probablement les meilleurs cookies du monde.

- Définissez un **plan** pour votre article, afin de vérifier l'enchaînement des idées et de n'oublier aucun argument. On suit en général le plan suivant :
  - introduction du sujet, réponses que l'on va trouver dans l'article ;
  - remise dans le contexte, définitions ;
  - le pourquoi ;
  - le comment ;
  - conclusion et ouverture à la réflexion pour les lecteurs (dans les commentaires notamment).

  Pour les cookies, on aura :
  - généralités : pour qui, à quelle occasion, difficulté, prix, durée, etc. ;
  - ingrédients ;
  - étapes avec photos : préparation, cuisson, dégustation ;
  - recettes complémentaires.
- Écrivez votre article en adaptant le **vocabulaire** à vos lecteurs. Si votre blog de cuisine s'adresse à des débutants, vous allez expliquer ce qu'est un beurre pommade.
- Trouvez des **images de qualité** qui illustrent votre texte : soit des images libres de droit, soit des photos que vous aurez prises vous-même. Un appareil de qualité, un bon sujet, un bon cadrage et une belle lumière sont indispensables à une photo réussie.
- Incitez vos lecteurs à interagir dans les **commentaires** en posant une question ouverte qui amène à la discussion : demandez : « À part le chocolat, quels autres ingrédients mettez-vous dans vos cookies ? » plutôt que « Est-ce que vous avez aimé ma recette de cookies ? » Il existe d'autres moyens d'augmenter le nombre de commentaires (→ lien n° 23).
- Soignez la **mise en forme** : mettez en page avec des paragraphes, des couleurs, des intertitres.
- **Relisez-vous** pour débusquer les éventuelles fautes d'orthographe et erreurs de syntaxe. Si vous n'êtes pas doué en orthographe, faites-vous aider ou utilisez des outils comme Antidote (→ lien n° 24).
- Prenez votre **temps,** aussi bien pour écrire l'article que pour le relire ou vérifier vos informations. Il vaut mieux terminer un article au moins un jour avant de le publier afin d'être sûr qu'on est réellement satisfait.

- Il peut être utile de mentionner que l'article doit absolument être **unique**. Ne copiez pas un texte existant car non seulement la loi punit le plagiat (propriété intellectuelle), mais de plus votre blog risque d'être pénalisé par Google pour contenu dupliqué (voir chapitre 4). Pour ces mêmes raisons, ne publiez pas plusieurs fois le même contenu sur des sites différents (par exemple sur le Huffington Post) ou sur des pages différentes de votre blog (mettez des extraits des articles sur la page d'accueil et non les articles entiers).

Privilégiez la **qualité** à la quantité : il vaut mieux écrire un article par semaine qui soit très précis et détaillé, qui apporte un vrai plus à vos lecteurs, qu'un article par jour sans intérêt. Rien ne sert de communiquer et d'envoyer du monde sur son blog si les lecteurs n'y trouvent rien d'intéressant qui leur donne envie d'y revenir.

Pourquoi ça augmente le trafic ?

Si votre article est considéré comme une référence, vos lecteurs auront non seulement envie de revenir sur votre blog, mais en plus ils partageront éventuellement leur découverte.

Checklist

Pour chacun de vos articles :

- [ ] À quel besoin précis répond votre article ? Vos lecteurs ont-ils les réponses à leurs questions à la fin de leur lecture ?
- [ ] Faites un plan de l'article : introduction, contexte, arguments, contre-arguments, conclusion.
- [ ] Écrivez avec du vocabulaire compris par vos lecteurs.
- [ ] Faites des recherches.
- [ ] Incitez vos lecteurs à commenter.
- [ ] Mettez en page avec des paragraphes, des couleurs, des intertitres.
- [ ] Relisez-vous.

Écrivez des articles captivants

Être blogueur, c'est (presque) comme être journaliste ou écrivain, il faut savoir écrire. Même s'il faut rester soi-même, il y a de vraies techniques que l'on peut appliquer pour capter l'attention et donner envie de lire, voire rendre vos lecteurs accros ! Pour commencer, impliquez vos lecteurs : dites « je » et « vous » au lieu d'écrire comme dans une encyclopédie.

Racontez une histoire

Remettez les choses dans leur contexte pour éveiller la curiosité de vos lecteurs. Par exemple, avant de donner la recette des cookies, expliquez que vous avez invité des amis un après-midi et que vous cherchiez une idée de goûter sympa.

Pour que vos lecteurs lisent vos articles jusqu'à la fin (surtout s'ils sont longs), intégrez un fil conducteur de l'introduction jusqu'à la conclusion. Créez des personnages si vous ne voulez pas parler de vous. C'est ce qu'on appelle le storytelling (→ lien n° 26).

Vous pouvez pour cela répondre aux 5 questions : quand ? où ? qui ? quoi ? pourquoi ? Par exemple, pour parler d'un restaurant que vous avez visité :

- **quand** : date de la visite ;
- **où** : nom du restaurant et adresse ;
- **qui** : avec qui êtes-vous allé dans ce restaurant ? ;
- **quoi** : le type de restaurant, les plats que vous avez mangés, les prix, votre avis... ;
- **pourquoi** : à quelle occasion êtes-vous allé dans ce restaurant ? Un anniversaire, la Saint-Valentin, une soirée cinéma ? On peut ainsi expliquer ici l'angle utilisé pour traiter le sujet, car on n'aura pas les mêmes attentes selon l'occasion.

Déclenchez des émotions

Faites appel à l'émotion et aux cinq sens pour faire entrer le lecteur dans votre histoire : la vue, l'ouïe, le goût, l'odorat, le toucher. Chaque sens est plus ou moins important selon la thématique du blog :

- la **vue** pour décrire un paysage sur un blog voyage ;
- l'**ouïe** pour les musiciens ;
- la **vue**, le **goût** et l'**odorat** pour les cuisiniers ;
- le **toucher** et l'**odorat** pour les blogueuses beauté ;
- les **sentiments** pour les blogs d'humeur...

Dans l'exemple du restaurant, on aura :

- la vue : des photos de la vitrine du restaurant, de la salle, des plats... ;
- l'ouïe : décrire la musique, dire s'il y avait beaucoup de bruits de conversations ou si on entendait crépiter les casseroles dans la cuisine ouverte ;
- le goût et l'odorat : indispensables pour décrire les plats ;
- le toucher : une nappe douce, une serviette chaude... ;
- les sentiments : votre avis sur le restaurant et les plats que vous avez mangés, votre humeur sur le moment, l'accueil des serveurs...

Éveillez la curiosité de vos lecteurs

Vous pouvez mettre un peu de suspense dans vos articles, par exemple :

- en ne dévoilant pas tout, tout de suite, mais en gardant le meilleur pour la fin ;
- en intégrant des connecteurs entre chaque partie : « Mais voici le point le plus important...», « Avant que je n'entre dans les détails... » ;
- en posant des questions, ce qui veut dire qu'il y aura des réponses, par exemple « Savez-vous pourquoi j'ai fait ça ? », « Que s'est-il passé le lendemain ? »

Soignez la mise en page

Le fond est aussi important que la forme, alors prenez le temps de mettre en forme votre article. Un bloc de texte de 50 lignes les unes à la suite des autres ne donne pas envie de le lire.

- Faites une **introduction**, des sous-parties et une **conclusion** : vos lecteurs comprendront ainsi votre enchaînement et retiendront votre principale idée à la fin de l'article.
- Faites des **paragraphes** pour alléger le texte.
- Mettez des **intertitres** à chaque paragraphe, pour permettre à vos lecteurs de survoler votre article si besoin.

- Faites des **phrases courtes**. Elles seront plus compréhensibles.
- Mettez les **mots importants** en gras et/ou en couleur.
- Faites des **listes à puces**, ce sera plus clair et facile à lire.
- Ajoutez des **visuels**, pour aérer le texte, permettre des pauses dans la lecture et illustrer vos propos.
- **Relisez-vous** pour vérifier que vous n'avez rien oublié, que les propos sont cohérents, qu'il n'y a pas de faute d'orthographe…

Trouvez des titres accrocheurs

MÊME si vous écrivez l'article parfait, si le titre ne donne pas envie de le lire, personne ne saura combien il était intéressant. Un bon titre est la porte d'entrée des visiteurs vers votre article.

Le titre doit être à la fois **descriptif** et **prometteur**. Il doit :

- refléter le contenu de l'article, sinon le visiteur repartira aussi vite qu'il est arrivé ;
- être ni trop court (pour que l'on comprenne de quoi on va parler) ni trop long (pour ne pas dépasser les 70 caractères visibles sur les résultats de moteurs de recherche) ;
- rester clair et concis, avec des mots simples ;
- attiser la curiosité, par exemple en suscitant des émotions (humour, peur…), en apportant une solution à un besoin.

Certaines tournures de phrases ont prouvé leur efficacité.

- Répondez à un besoin avec des solutions, sous forme de listes : « **10 manières de…** », par exemple « 5 façons de cuisiner les œufs ».
- Posez une **question**, car ça veut dire que l'on a la solution : « **Comment faire pour…** ». Par exemple, « Comment séparer le jaune du blanc d'œuf en 5 secondes chrono ? »
- Choisissez des mots qui parlent : « **gratuit** », « **rapidement** », « **simple** ».
- Utilisez des **superlatifs** : « le meilleur », « le plus facile ». Par exemple, « Le meilleur cupcake au Nutella de Paris ».

- Citer une référence dans votre domaine : « L'Opéra mentholé simplifié de Michalak ».
- Donnez des chiffres, des **objectifs précis**. Par exemple, « Comment perdre 5 kg en 3 semaines ».
- Soyez poétique, **mystérieux**. Par exemple « Ce moment où je voulais être petite comme une souris ».

Vous pouvez tester l'efficacité d'un titre en faisant des tests A/B (voir p. 170) : pour un même article, certains internautes verront le titre « Le meilleur cupcake au Nutella de Paris » et d'autres « Où manger un cupcake au Nutella à Paris ? » En vérifiant lequel des deux titres apporte le plus de trafic, vous pourrez en choisir un définitivement ensuite.

Enfin, n'oubliez pas l'importance des **intertitres** au sein de votre article : ils annoncent le contenu des paragraphes et donnent envie d'aller plus loin dans la lecture.

Variez les types d'articles

On trouve plusieurs types d'articles sur un blog.

- Un avis, une critique d'un produit ou service : par exemple le robot pâtissier que vous venez d'acheter.
- Un partage d'expériences : comment vous avez fait pour postuler à Top Chef.
- Un partage de connaissances : une présentation de chefs cuisiniers connus.
- Des tutoriels : comment recouvrir un gâteau de pâte à sucre.
- Une présentation de vos réalisations, de vos idées : écriture d'un livre de recettes.
- Des coups de cœur et coups de gueule : visite d'un restaurant.
- Des billets d'humeur : des anecdotes, votre quotidien, pour renforcer la proximité avec vos lecteurs. Par exemple, votre déménagement et vos envies de déco pour la nouvelle cuisine.
- Parlez de tout et de rien : c'est bien de pouvoir sortir de sa ligne éditoriale, mais attention à ne pas vous disperser au risque de perdre le lecteur. Parlez

par exemple de vos achats d'objets décoration sur un blog culinaire (mais pas de vos chaussures achetées en soldes !).

- Des jeux-concours (voir p. 77).
- Des sujets à polémique : aller à contre-courant permet de faire le buzz, vos lecteurs vont vouloir donner leur avis et peut-être partager votre article ; mais à utiliser avec des pincettes car cela peut aussi vous desservir !
- Du contenu qui se partage : des infographies ou des vidéos marrantes.
- Des informations sur l'actualité de votre thématique, par exemple un salon ou un événement particulier.
- Des bons plans.
- Des conseils.
- Des bilans, professionnels, personnels, celui du blog...
- Des interviews : si vous interviewez un autre blogueur, il relaiera sûrement votre article auprès de sa communauté, ce qui peut vous apporter un gros pic de trafic. De plus, si c'est une référence dans son domaine, cela vous apportera de la crédibilité sur cette thématique.
- Les tendances de votre secteur.
- Un glossaire.
- Des comptes-rendus (de visite d'un musée, salon, restaurant, film...).
- Des listes : wish-list, to-do list, les meilleurs produits, lieux, services, etc.
- Des articles de blogueurs que vous aurez invités.

Certains articles apportent plus ou moins de trafic. On verra dans le chapitre 6 (p. 151) comment suivre vos statistiques et ainsi proposer le contenu qui intéresse le plus vos lecteurs.

Sujets d'actualité et sujets intemporels

Les thématiques sur lesquelles vous bloguez prêtent plus ou moins à parler d'actualité ou de questions intemporelles. Si votre domaine vous le permet, essayez d'écrire les deux types d'articles.

- L'**actualité** pour montrer que vous connaissez votre sujet et que vous restez informé : impossible de ne pas parler de soldes sur un blog mode ou du virus Zika sur un blog sur les Antilles. Cela concerne aussi les sujets saisonniers, par exemple la galette des rois en janvier.

- L'**intemporel** pour attirer un flux de visiteurs même sur vos anciens articles. Cela vous permet d'avoir du trafic régulier même sans écrire de nouveaux articles. Ainsi, plus vous aurez écrit d'articles intemporels, plus vous aurez de points d'entrée vers votre blog, notamment grâce aux recherches faites sur Google.

Publiez avec régularité

À quelle fréquence publier ?

La fréquence de publication va surtout dépendre du **temps** que vous aurez à consacrer à votre blog. Attention car, au lancement, on est toujours très motivé. Il faudra être réaliste sur le rythme à tenir sur le long terme. Bloguer doit rester un plaisir et non devenir une obligation. À vous de trouver votre fréquence de publication idéale.

Selon la **thématique** du blog, la fréquence peut varier. En effet, les articles peuvent être plus ou moins longs à préparer selon le sujet que vous abordez : en plus d'écrire l'article, vous aurez peut-être des étapes préliminaires, comme la recherche d'informations, l'achat de matériel, la fabrication (pour le DIY, la cuisine), les shootings photos, les retouches, etc., sans oublier ensuite sa promotion.

En plus du temps imparti, un autre critère va jouer sur le rythme à tenir : l'**objectif** du blog, comme vu p. 13.

- Si on écrit juste pour soi, pour extérioriser ses pensées par exemple, on écrit quand l'envie nous prend.
- Si on partage son tour du monde à son entourage, on écrit selon les visites et les choses que l'on découvre.
- Si on souhaite partager notre passion en tant que loisir et pour rencontrer d'autres personnes, écrire une fois par semaine pourrait suffire pour se faire remarquer et avoir assez de contenu pour intéresser.
- Si le blog a pour vocation de vous faire connaître auprès d'un très grand nombre et de faire passer un message, faire des partenariats, monétiser le

blog, mettre en avant votre expertise pour attirer de nouveaux clients... il peut être intéressant de publier plusieurs fois par semaine. Le principal objectif sera surtout d'avoir un contenu assez conséquent pour que les lecteurs y trouvent de l'info intéressante et aient envie de revenir.

Soyez constant

Quelle que soit la **fréquence** de publication que vous aurez choisie, le mot d'ordre pour avoir du trafic est : soyez **régulier**.

Si vous donnez l'habitude à vos lecteurs de publier tous les lundis par exemple, ils sauront que c'est ce jour-là qu'ils pourront lire un nouvel article. Si 3 ou 4 lundis de suite ils ne trouvent plus de nouveauté, ils vont sûrement arrêter de revenir le 5e lundi...

Il en est un peu de même pour les moteurs de recherche comme Google : des robots passent à des fréquences régulières pour indexer votre blog et continuent à cette fréquence-là tant qu'ils trouvent du nouveau contenu. S'il n'y a rien de neuf par rapport à leur dernière visite, ils vont espacer leurs passages et peuvent ainsi mettre plus de temps à indexer vos nouveaux articles.

Écrivez et surtout communiquez !

La clé d'un blog à succès, c'est la qualité du contenu. Mais vous aurez beau écrire de super articles, si personne n'en entend parler, cela ne sert à rien. Rien ne sert de publier des articles tous les jours et d'attendre que vos visiteurs vous trouvent (cela arrivera plus tard si vous êtes bien référencé, mais le référencement vient aussi de la promotion que vous ferez de votre blog, voir chapitre 4).

Communiquer, partager ses articles, interagir avec sa communauté prend beaucoup de temps. Prévoyez autant de temps pour préparer votre article que pour le promouvoir. Prenez donc tout ceci en compte (et pas uniquement la rédaction de l'article) pour définir votre rythme de publication.

Prenez de l'avance

Si vous avez 10 idées d'articles, il vaut mieux les publier sur 10 semaines qu'en 10 jours, puis plus rien les semaines suivantes.

Ainsi, si vous avez quelques **articles déjà programmés**, cela vous laisse le temps de communiquer sur votre blog, réfléchir à d'autres contenus ou bien simplement faire une pause, tout en continuant à faire vivre votre blog. Les pannes d'inspiration peuvent ainsi passer inaperçues et vous aurez le temps d'éviter le syndrome de la page blanche (voir p. 75).

Dans tous les cas, il ne faut pas se forcer à écrire juste pour respecter son rythme de publication, car c'est la qualité des articles qui va en pâtir.

Faites le rapport entre votre temps disponible, la fréquence d'articles à publier et le temps que vous prenez pour préparer un article, et vous saurez si le tout est compatible. Sinon, essayez de consacrer plus de temps au blogging ou bien revoyez vos objectifs. Dans tous les cas, ne rognez pas sur la qualité de vos articles.

À vous de jouer

Combien de temps pouvez-vous consacrer à votre blog ?

- ☐ Un peu tous les jours : ______ minutes/heures par jour
- ☐ Quelques jours par semaine : quels jours et combien de temps ?

____

- ☐ Une fois par semaine : quel jour et combien de temps ?

____

- ☐ ______ jours par mois pendant ______ minutes / heures.

Selon les objectifs de votre blog, combien d'articles devez-vous publier ?

- ☐ ______ article(s) par mois ☐ ______ article(s) par semaine
- ☐ ______ article(s) par jour

Combien de temps un article vous prend-il ?

____

Avez-vous une grande communauté à animer ?

____

Définissez un calendrier éditorial

Pour vous aider à tenir votre rythme de publication, définissez le calendrier éditorial de votre blog. Il s'agit d'un planning qui contient la liste des articles parus et à paraître, date par date. On y trouve le titre, mais on peut également y ajouter des informations complémentaires comme la catégorie des articles, les renseignements nécessaires à leur rédaction, le type de contenu à produire, les sources, etc.

Cet outil vous aidera à mieux vous organiser et ainsi :

- prévoir les articles en avance afin de garder facilement le **rythme de publication** que vous aurez défini ;
- avoir une **vision globale** du contenu choisi dans votre ligne éditoriale ;
- avoir une meilleure **visibilité** des différents types d'articles déjà publiés et à venir (par exemple, si vous avez écrit plusieurs articles dans une même catégorie, vous saurez qu'il serait temps de publier dans une autre catégorie) ;
- pouvoir **anticiper** les événements calendaires liés à la thématique de votre blog ;
- éviter le syndrome de la **page blanche**.

Notez vos idées de sujets à traiter et placez-lez dans votre calendrier, vous pourrez les déplacer ensuite si besoin.

À vous de jouer

Choisissez le type de calendrier qui vous convient le mieux :

- ☐ papier,
- ☐ agenda électronique,
- ☐ extension intégrée à l'outil d'administration du blog,
- ☐ tableau Excel (téléchargez un exemple de calendrier éditorial sur le lien n° 27).

Inscrivez dans votre calendrier les événements calendaires ainsi que les dates-clés de votre thématique :

- ☐ Nouvel an
- ☐ Saint-Valentin
- ☐ Vacances d'hiver
- ☐ Salon du Mariage
- ☐ Fête du Travail
- ☐ Fête des Mères
- ☐ Vacances d'été
- ☐ Rentrée
- ☐ Halloween
- ☐ Noël
- ☐ Autres : ____________________

Évitez le syndrome de la page blanche

L'ANGOISSE de la page blanche touche tous les blogueurs un jour ou l'autre. Même si on a des idées d'articles, le manque d'inspiration peut arriver alors que l'on est devant son écran, en train de rédiger son texte. Un minimum de curiosité, d'ouverture d'esprit et d'organisation vous éviteront cette panne.

- Restez **informé** : lisez et inscrivez-vous aux sites parlant de votre thématique.
- Soyez **ouvert** aux autres domaines qui peuvent vous donner des idées : aller dans un restaurant peut vous donner des idées de déco, cuisiner une recette avec du concombre peut vous inspirer pour votre blog beauté... De plus, cela vous permettra d'aborder des sujets différents de vos « concurrents » puisque vous ne vous inspirerez pas d'eux.
- Demandez à vos **lecteurs** de quoi ils ont besoin, regardez les questions qui reviennent souvent dans les commentaires, vérifiez dans vos statistiques les mots-clés tapés pour accéder à votre blog.
- Allez voir sur **Google Trends** (→ lien n° 28) ou sur **Twitter** les tendances du moment.
- Inspirez-vous de votre **quotidien**, parlez de vous.

Pour ne pas oublier vos idées lorsqu'elles surgissent, notez-les immédiatement, que ce soit sur un calepin ou sur le bloc-notes de votre Smartphone.

Il arrive aussi que l'on ne trouve pas ses mots au moment de produire le contenu, même si on a défini le sujet de l'article. Voici quelques astuces pour éviter cela.

- Mettez-vous dans de **bonnes conditions de travail** : prenez des habitudes en fonction de ce qui marche le mieux pour vous (plutôt du matin, du soir ?), fermez les sources de distraction : téléphone, e-mails, réseaux sociaux (oui, c'est très difficile !).
- **Écrivez** un brouillon, une liste d'idées, n'importe quoi. Comme l'appétit vient en mangeant, l'inspiration vient en écrivant.
- **Aérez-vous** l'esprit. Si ça ne vient pas, peut-être que vous êtes trop fatigué ou préoccupé... Ça ira mieux la prochaine fois, à moins que vous ne soyez plus très motivé par votre blog ?

Bonus : lisez le recueil *60 blogueurs donnent leurs sources d'inspiration* → lien n° 29.

Créez un plan de site

DANS la liste des éléments qui permettent d'augmenter l'intérêt de vos lecteurs pour votre blog, il y a la page « Plan de site ». Également appelée *sitemap* en anglais (et surtout dans le langage de Google pour le référencement naturel), elle présente l'ensemble des pages et articles du site. C'est une sorte de sommaire de votre blog. Les articles y sont en général regroupés par catégories, comme on peut le voir sur le plan du site de Trucs de Blogueuse.

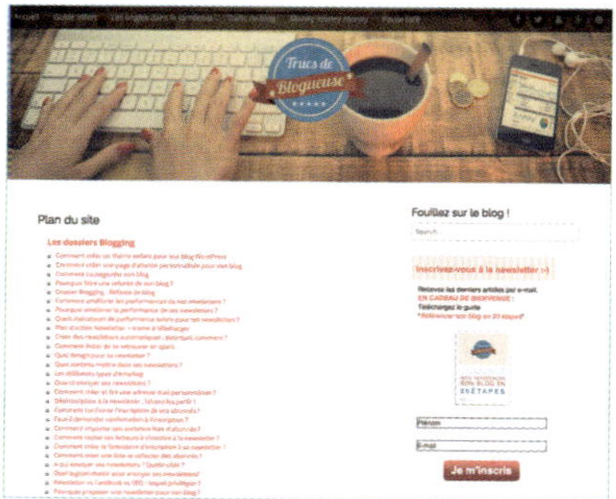

Plan de site du blog « Trucs de Blogueuse ».

L'avantage d'un plan de site est que le lecteur voit l'ensemble des articles existants, mais également l'arborescence du site, ce qui lui permet de comprendre les différents sujets abordés et d'accéder avec plus de facilité à ceux qui l'intéressent. Cela permet aussi de le fidéliser, car en voyant les différents articles, il aura envie de :

- lire vos autres articles, ce qui va augmenter son intérêt pour votre blog,
- revenir sur votre blog plus tard car il sait que les différents sujets que vous abordez l'intéresseront.

En pratique

Vous pouvez créer ce plan de site grâce à des extensions (comme *PS Auto Sitemap* sur Wordpress) qui vont ajouter automatiquement à votre liste les nouveaux articles → lien n° 30.

Faites des jeux-concours

Un bon moyen d'augmenter le trafic de votre blog est d'organiser un jeu-concours. En plus de générer un pic de trafic, les jeux permettent d'animer sa communauté, de fidéliser ses lecteurs et d'augmenter le nombre d'abonnés.

D'ailleurs, quitte à organiser un événement qui va vous prendre du temps, il vaut mieux faire un jeu-concours pour augmenter sa liste d'abonnés (à la newsletter ou à vos réseaux sociaux) car une fois qu'ils seront inscrits, vous pourrez les solliciter de nouveau pour augmenter le trafic de votre blog sur le long terme.

Quel type de jeu-concours ?

- Un tirage au sort.
- Un instant gagnant : en cliquant sur un lien, on sait tout de suite si on a gagné ou pas.
- Un quiz : il faut répondre correctement à des questions.
- Un concours photo ou vidéo : il faut poster une photo ou une vidéo sur un thème donné.
- Un jeu de vote : les participants doivent voter entre eux (il peut être couplé au concours photo/vidéo).

Le choix du type de jeu (voir encadré) va se faire selon vos objectifs.

- Est-ce que le jeu doit être facile à comprendre afin d'avoir le plus grand nombre de participants ?
- Doit-il au contraire demander un minimum d'engagement afin de sélectionner en amont les plus motivés et intéressés par votre blog ?
- Doit-il être ludique afin de véhiculer une image de marque positive ?
- Le principe du jeu doit-il inclure une mécanique de partage social afin de recruter de nouveaux lecteurs ou inscrits grâce au buzz ?

Quel cadeau offrir ?

Le choix du cadeau va dépendre, encore une fois, de vos objectifs.

- Un cadeau généraliste pour plaire à un **grand nombre** de participants, sans privilégier la sélection qualitative des lecteurs : un mug, un iPad ou un voyage (selon votre budget). Notez que le trafic sera éphémère : même si vous demandez une inscription à la newsletter ou à votre page Facebook, les participants se désinscriront après la fin du jeu-concours. Bien entendu, plus le cadeau sera onéreux, plus cela attirera de monde.
- Un cadeau qui a un rapport avec la thématique de votre blog si vous cherchez du **trafic qualifié**, afin de pouvoir capitaliser sur le long terme : un ustensile de cuisine pour un blog culinaire, des produits cosmétiques pour un blog beauté, un vêtement ou un accessoire pour un blog mode...

Vous pouvez acheter vous-même le cadeau à offrir ou bien solliciter des marques que vous aimez bien (voir p. 188). Cela leur apportera de la visibilité à moindre coût, mais pour qu'elles y trouvent un intérêt, pensez à leur donner vos statistiques de visites et votre nombre d'abonnés. N'oubliez pas que les marques (surtout les plus reconnues) reçoivent beaucoup de demandes du même type donc soyez courtois, patient et persévérant.

Comment organiser le jeu ?

Il y a plusieurs manières d'organiser un jeu, on peut même aller jusqu'à créer un mini-site dédié, selon le type et la mécanique du jeu. Le plus simple est de demander à vos lecteurs de mettre un commentaire sous un article de votre blog ou bien d'une publication sur Facebook. Vous pouvez ensuite faire un tirage au sort, grâce au site Random.org (→ lien n° 31) qui va générer un nombre compris dans une fourchette de nombres que vous aurez entrés. Si le nombre généré est 42, par exemple, c'est la personne qui a posé le 42ᵉ commentaire qui gagne.

Pour le tirage au sort sur Facebook, vous pouvez passer par un outil qui va désigner le gagnant pour vous parmi les participants (→ lien n° 32).

Si vous souhaitez personnaliser le type de jeu (quiz, instant gagnant...), le design, les informations à récolter (adresses e-mail notamment), il existe des outils faciles à utiliser. Socialshaker (→ lien n° 92), par exemple, est une application (gratuite jusqu'à 1 000 fans) que vous pouvez paramétrer pour votre page Facebook. Le tirage au sort est fait automatiquement par l'application parmi les participants.

Génération de nombre au hasard avec l'outil random.org.

Attention, si vous récoltez des adresses e-mails et autres données personnelles, vous devez déclarer un fichier à la CNIL (voir p. 122). (Pour plus de détails sur l'organisation et le dépôt de règlement d'un jeu-concours → lien n° 33.)

Une fois votre jeu-concours créé, n'oubliez pas de communiquer à son sujet, notamment sur les réseaux sociaux.

Organisez et participez à des événements interblogueurs

Un événement interblogueurs réunit plusieurs blogueurs autour d'un thème donné. Chacun des participants doit écrire sur son propre blog au sujet de la thématique définie. Pour permettre aux lecteurs de découvrir les autres articles de l'événement, chaque blogueur met un lien vers les autres blogs ou vers le blog organisateur.

Ces événements prennent plusieurs formes.

- Les blogueurs écrivent un article au sujet d'une thématique. Cela peut prendre la forme d'un article et/ou de photos.
- Des événements récurrents sont programmés afin de créer des rendez-vous auprès des lecteurs : challenges photos (souvent relayés sur Instagram) ou lectures ou culinaires. Ce sont de bons moyens de se motiver et de trouver des sources d'inspiration. Milie, du blog « C'est quoi ce bruit », est

ainsi connue pour son « Projet 52 » : elle donne chaque année 52 thèmes à illustrer en photo (un par semaine).

- Une série de questions est posée à un blogueur. On appelle cela un tag. L'exemple le plus connu est le Liebster Award, souvent relayé sur la plateforme de partage Hellocoton. Il est normalement dédié aux blogueurs ayant moins de 100 abonnés sur Hellocoton, le but étant de se faire connaître. Le principe est le suivant :
    - être d'abord sollicité (tagué) par un blogueur ;
    - dire 11 choses sur soi ;
    - répondre aux 11 questions posées par le blogueur qui nous a tagué ;
    - trouver 11 autres questions ;
    - taguer et prévenir 11 autres blogueurs qui répondront aux questions que l'on a nous-mêmes choisies.

Pourquoi ça augmente le trafic ?

Que vous organisiez l'événement ou que vous y participiez, le fait que des liens pointent vers votre blog va permettre à de nouveaux lecteurs de vous découvrir. Ces liens vont aussi améliorer votre référencement naturel.

N'ayez pas peur

Ce chapitre se clôt sur une parenthèse de développement personnel indispensable pour dépasser un certain cap dans l'augmentation du trafic. On a vu p. 26 qu'un trafic élevé n'apporte pas que des avantages et qu'une trop grande visibilité peut avoir des répercussions négatives en dehors du blog. À l'inverse, on peut ne pas atteindre les objectifs souhaités à cause d'obstacles intrinsèques, comme la peur : elle peut freiner, elle peut empêcher de faire certaines choses, de parler de certains sujets.

N'ayez pas peur de ce que vont penser les autres, vous êtes le seul maître à bord, le propriétaire des lieux, vous seul décidez de votre espace, du moment que vous respectez les autres.

N'ayez pas peur des commentaires négatifs. Il viendra sûrement un jour où vous recevrez votre première critique, votre premier « troll ». Mais c'est ce qui arrive quand on est de plus en plus visible, cela ne veut pas dire que vous devez tout arrêter. Concentrez-vous sur les messages positifs de la majorité de vos lecteurs.

N'ayez pas peur de ne pas plaire à tout le monde. Les gens sont différents, chacun a des goûts et un vécu qui lui sont propres. Vous ne pouvez pas correspondre à toutes les envies et perceptions. Au contraire, lire des avis contraires permet d'élever le débat, recevoir des critiques constructives permet de se remettre en question, ce qui nous fait avancer : donc soyez à l'écoute, c'est le meilleur moyen de vous améliorer.

N'ayez pas peur de la réussite. Cela peut paraître absurde, mais la réussite peut avoir des inconvénients : les responsabilités et la charge de travail qui augmentent, le sentiment d'illégitimité (syndrome de l'imposteur) ou au contraire le fait de prendre la grosse tête, la perte de la vie privée... De plus, le succès rend jaloux, ce qui attire les trolls.

Faites ce qui vous semble le mieux pour vous, du moment que vous respectez les autres. Ayez confiance en vous et rappelez-vous pourquoi vous bloguez (p. 12).

Interview

Odile, du blog Odile Sacoche

9 000 visiteurs/mois

Peux-tu décrire ton blog en quelques mots ?

Mon blog est un blog lifestyle, humeur et beauté. On peut dire que c'est un bon gros fourre-tout de tout ce qui me rend heureuse au quotidien. J'essaie d'y insuffler de la joie de vivre et de la simplicité. J'aime dire que mon blog serait l'endroit idéal d'un rendez-vous entre filles autour d'un bon cupcake.

Pourquoi blogues-tu ?

Quand j'ai commencé à bloguer, je ne savais pas trop pourquoi mais j'avais juste « envie ». Je ressentais comme un besoin. J'avais plein de choses à dire, plein de choses en tête, et j'avais envie de les partager. D'évacuer un peu ce trop-plein. À l'époque, je n'avais pas de réel hobby, et aujourd'hui, je peux le dire, bloguer est devenu une drogue, une réelle passion dont je ne peux plus me passer. De simple blog d'humeur, le blog a évolué en blog lifestyle où je partage tout ce qui me fait plaisir.

Combien d'articles publies-tu par semaine ?

J'essaie de me tenir à deux articles par semaine. En réalité, un tous les 4 jours. Mais c'est un rythme difficile à tenir, donc si j'en publie un par semaine je suis déjà très contente. Finalement, un article par semaine, ça fait 52 articles par an, c'est pas rien ;)

Combien de temps mets-tu pour écrire un article ? Et combien de temps consacres-tu à ton blog en général ?

C'est une question super difficile. Quand je rédige des articles « revues beauté », ça peut prendre jusque 4h par article entre la prise de photos, la retouche et la rédaction. Quand ce sont des articles d'humeur, une bonne heure, parfois deux si je ne trouve pas de visuel. Je passe énormément de temps sur le blog, tant et si bien que j'ai décidé de me fixer des créneaux sinon je ne m'arrête pas : je lui consacre 3 soirées par semaine et toute la journée du dimanche. Sans compter la journée, où je gère les réseaux sociaux sur mon téléphone entre 2 dossiers à rendre au boulot ;)

Que publies-tu sur ton blog ? À ton avis, quel type de contenu plaît le plus à tes lecteurs ?

Je publie essentiellement des articles d'humeur, revues beauté et organisation (de blog ou professionnel). Je sais que ce sont mes articles de type développement personnel qui plaisent le plus. Mais ce sont pour moi les plus compliqués car je ne les commande pas. Ce sont des articles très spontanés qui me viennent « comme ça » et que je ne peux pas planifier. Depuis que j'essaie de me mettre à mon compte, je partage pas mal mon parcours en tant que « blogueuse pro » et freelance, et je sais aussi de par mes lecteurs qu'ils aiment beaucoup suivre ça. Les revues beauté plaisent moins, mais c'est mon petit dada à moi, alors je ne m'en prive pas !

Est-ce que tu suis une ligne éditoriale, et si oui, quelle est-elle ? Arrives-tu à t'y tenir ?

Pas vraiment non. J'en suis toujours au côté très spontané du blogging. J'essaie de me dire que je dois publier le lundi et le jeudi, donc je me fixe des journées ou des soirées de rédaction, des dates, des plannings, mais ça me coupe un peu de ma créativité. Pour moi, bloguer ça a toujours été une sorte de flux artistique qui arrive quand je ne m'y attends pas. J'ai besoin d'inspiration pour écrire. Comme j'essaie de me professionnaliser, je tiens un agenda sur 1 ou 2 semaines. Je me suis fixé des soirées blogging. Au-delà de ça, pour la ligne éditoriale, c'est vraiment selon mes envies du moment. Mais finalement tout tourne toujours autour des mêmes sujets, sans que je contrôle quoi que ce soit.

Combien as-tu de visiteurs mensuels ?

Et bien pas beaucoup, du moins, je trouve. C'est une question qui m'ennuie car elle ne représente pas l'amour que je porte à mon blog, et l'interaction que j'ai avec mes lecteurs. Chaque article apporte beaucoup de commentaires, donc les statistiques du blog sont un vrai mystère pour moi.

Selon toi, quelles sont les raisons de ton succès ?

Je pense que c'est parce que je suis très présente. Je mets un point d'honneur à répondre à tous les commentaires, je suis très active sur les réseaux sociaux et je passe énormément de temps sur le blog. J'essaie d'être ouverte, à l'écoute et je garde en tête l'essence même du blogging : le partage. Je m'investis beaucoup, cela doit porter ses fruits.

Un conseil à donner aux blogueurs qui souhaitent augmenter le trafic de leur blog ?

Ne regardez pas trop vos stats car ça peut vous couper de vous-même ou de votre inspiration. Je suis l'exemple même d'un blog avec des mauvais chiffres, et pourtant, à en croire l'interview, je suis une blogueuse à succès :) Il faut rester spontané, ouvert, et ne pas oublier que cela demande beaucoup de travail.

Référencez votre blog

Qu'est-ce que le référencement ?

Élément incontournable de tous ceux qui souhaitent augmenter le trafic d'un site, le **référencement** est le procédé permettant d'**indexer** ledit site sur un moteur de recherche et d'obtenir un **positionnement** dans les premières pages de résultats de ces moteurs, pour être visible par les internautes.

Les moteurs de recherche les plus connus en France sont Google, Yahoo, Bing et Orange. Environ 94 % des recherches sont faites sur Google en France en 2016 (→ lien n° 34). Pour simplifier, nous parlerons donc de **Google** pour désigner les moteurs de recherche.

Prenons un exemple. Si on recherche sur Google le mot « recettes », c'est le site de marmiton.org qui arrive en première position. Marmiton est donc très bien référencé sur le mot « recettes ».

Google va faire remonter en premières positions les sites qu'il juge les plus pertinents selon les requêtes des visiteurs. Le but est ainsi de faire correspondre les mots tapés par les internautes, avec les articles de son blog.

Référencement naturel et référencement payant

Le référencement (SEM pour *Search Engine Marketing*) est constitué du référencement naturel (SEO : *Search Engine Optimization*) et du référencement payant (SEA : *Search Engine Advertising*).

Exemple de page de résultats Google : le référencement naturel donne les résultats affichés dans le cadre vert, en bas, et le référencement payant est ce qui se trouve dans le cadre rouge, en haut.

- Le référencement naturel regroupe les techniques à mettre en place sur un site ou un blog afin de **bien le positionner sur les pages de résultats** de Google.
- Le référencement payant consiste à acheter des mots-clés sur les moteurs de recherche afin de faire apparaître un site lorsque ces mots-clés sont recherchés.

Le SEA est abordé dans le chapitre 7 car il nécessite d'investir un certain budget, tandis que le SEO peut être appliqué plus ou moins gratuitement. Le référencement étant une discipline très complexe, vous pouvez aussi payer un référenceur professionnel pour qu'il fasse le travail à votre place, aussi bien pour les aspects stratégiques que techniques.

À quoi sert le référencement ?

L'accès à un blog peut se faire par :

- le lien direct si l'internaute connaît l'adresse (exemple : cestmafournee.com) ;
- un lien externe (les réseaux sociaux ou un autre blog) ;
- un lien dans un e-mail ;
- une requête sur un moteur de recherche (exemple : « recette cake banane »).

En moyenne, 50 % du trafic provient de Google (→ lien n° 35), ce qui veut dire qu'un blog référencé pourrait avoir deux fois plus de visiteurs qu'un blog non référencé.

Pourquoi ça augmente le trafic ?

Le référencement naturel est très important **pour générer du trafic** car il permet ainsi à tous ceux qui ne connaissent pas votre blog (et donc votre adresse web directe ou vos comptes sur les réseaux sociaux), de vous trouver et vous lire, grâce aux mots-clés qu'ils auront tapés dans les moteurs de recherche.

De plus, contrairement aux autres sources de trafic qui nécessitent en général un partage (réseaux sociaux, e-mailing), le SEO permet de générer du trafic tous les jours sur vos nouveaux et anciens articles, sans action supplémentaire de votre part.

Comment bien référencer son blog ?

AVANT de vouloir optimiser votre blog, il est important de savoir comment fonctionnent les moteurs de recherche.

1. Des robots scannent l'ensemble des sites : c'est le *crawl*.
2. Toutes les données collectées lors du *crawl* sont classées : l'index.
3. Lorsque les internautes font une recherche avec des mots-clés, le moteur traite les requêtes en interrogeant l'index selon des critères de pertinence.
4. Les résultats sont affichés.

Il faut donc tout d'abord permettre à votre blog d'être vu et indexé par Google avant de le voir apparaître sur les résultats de recherche. Le contenu doit ensuite être pertinent sur les mots-clés recherchés par les internautes pour que votre blog soit positionné dans les premiers résultats. Enfin, le contenu doit être attrayant pour donner envie de cliquer dessus (nous avons vu notamment l'intérêt des titres accrocheurs p. 67).

Il faut savoir qu'on ne référence pas uniquement un site ou un blog : chaque page de votre blog (depuis la page d'accueil jusqu'à votre page Contact, en passant par chaque article) doit pouvoir être référencée sur **certains mots-clés.** Par exemple, pour un blog de cuisine, les mots-clés (ou expressions-clés) pourraient être :

- « blog cuisine pour végétariens » pour la page d'accueil ;
- « recette salade de soja et petits légumes » pour un plat ;
- « recette gratin de courgettes et pommes de terre » pour un autre plat.

Si deux de vos pages ont la même expression-clé, il sera **plus difficile de faire remonter ces deux pages qui se feront concurrence entre elles** (en plus d'être en concurrence avec les autres sites de la même thématique). Il vaut mieux privilégier **une expression-clé pour une page**, et donc définir une autre expression pour l'autre page.

Si par exemple vous publiez deux recettes de gratin de courgettes et pommes de terre, elles auront forcément des différences : vous ne mettriez pas deux fois la même recette. L'une est peut-être traditionnelle et l'autre sans œuf ? On aurait ainsi « recette gratin de courgettes et pommes de terre traditionnel » pour l'une et « recette gratin de courgettes et pommes de terre sans œufs » pour l'autre.

À noter que même si vous pensiez être référencé sur les termes « recette gratin de courgettes et pommes de terre traditionnel », Google pourrait très bien afficher votre article pour quelqu'un qui tapera « gratin de ma grand-mère courgettes pommes de terre », s'il estime que cela correspond à la demande de l'internaute. Une multitude d'expressions-clés peuvent mener vers une même page de votre blog : plus que des mots précis, c'est le **champ lexical** qui est pris en compte.

Comprendre l'algorithme de Google

Pour connaître la pertinence d'un site sur un mot-clé, Google regarde **différents critères, que l'on peut optimiser.** Mais pour éviter que des sites non pertinents arrivent quand même à bien se référencer juste en remplissant ces critères, Google modifie régulièrement son **algorithme**, c'est-à-dire sa manière de calculer la pertinence d'un site, et garde certains de ses critères secrets. Il faut ainsi se tenir informé de ses nouvelles méthodes d'indexation et adapter son site en fonction.

Google utilise plus de 200 critères pour positionner les sites grâce à son algorithme, mais il a annoncé en avril 2016 que les 2 facteurs les plus importants sont **le contenu** et les **liens qui pointent vers le site**. Il fait ainsi le tri de chaque page selon 3 méthodes.

- **Tri par pertinence** : le contenu et la structure du blog sont pris en compte.
    - Présence des mots-clés.
    - Champ lexical : tous les mots synonymes ainsi que les mots relatifs (par exemple dans une recette, on va avoir les mots « cuire », « couper », « mélanger », « cuillère », « 200 g », etc.).
    - Contexte : il regarde si un seul sujet est traité (quand on donne une recette de cookies, on ne va pas parler de bricolage).
    - Emplacement des mots-clés : titre, URL, sous-titres, contenu lui-même.
    - Mise en valeur des mots : gras, ancre de lien...

- **Tri par popularité** : selon le nombre et la qualité des liens entrants *(backlinks)* vers le blog.
    - Google considère que plus on parle de votre blog (donc plus il y a de liens entrants), plus il est pertinent.
    - Si ce sont des sites déjà bien référencés qui parlent de votre contenu, il trouvera cela encore plus pertinent : par exemple, un lien depuis Marmiton vers votre blog de cuisine aura plus de valeur qu'un lien depuis un autre blog culinaire débutant.
    - Le contenu de la page d'où vient le lien doit avoir la même thématique que votre blog (ou la page de votre blog).

- **Tri par mesure d'audience** : selon le nombre et la qualité des visites.
    - Attrait de votre contenu : Google regarde le taux de clics sur les pages de résultats car si votre blog est en bonne position mais que personne ne clique dessus, cela veut dire qu'il ne donne pas envie par rapport à la requête.
    - Intérêt de votre contenu : démontré entre autres par le taux de rebond (qui doit être bas), la durée de visite (qui doit être élevée) (voir p. 154 pour la définition de ces termes).

Étant donné que le SEO n'est pas une science exacte, des divergences d'opinion peuvent apparaître entre différents référenceurs, au vu des tests qu'ils auront eux-mêmes menés ou des communications de Google qu'ils auront interprétées.

Pour autant, il existe tout de même des critères sur lesquels tout le monde est plus ou moins d'accord, car Google donne ses recommandations dans un guide de démarrage (→ lien n° 36).

Pour en savoir plus, vous pouvez également lire des ouvrages spécialisés qui traiteront le sujet plus en profondeur, comme *Réussir son référencement web,* d'Olivier Andrieu (éditions Eyrolles), qui est une référence.

Privilégiez la longue traîne

Avec les millions de blogs et sites qui existent, il est plus difficile de figurer sur la 1re page de résultats des moteurs de recherche sur des mots-clés généraux tels que « blog cuisine ».

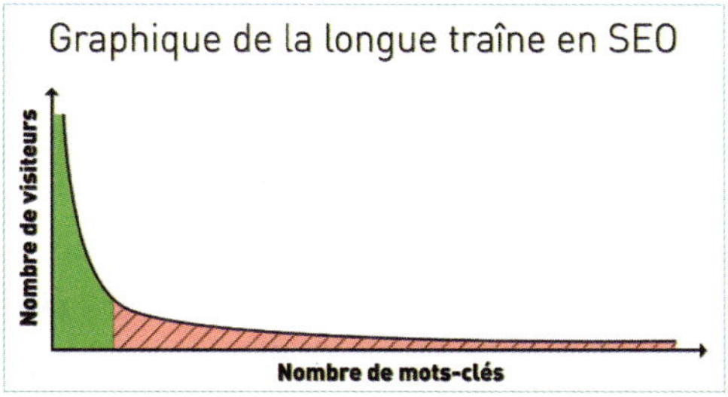

Graphique de longue traîne en SEO : nombre de visites par expression-clé recherchée.

Le schéma ci-dessus illustre le phénomène de la longue traîne : en ordonnées, le nombre de visites générées par une expression-clé, et en abscisses, les différentes expressions-clés. Les surfaces (en vert et rouge hachuré) représentent le nombre total de visites d'un site. Notez que la surface verte à gauche est beaucoup plus petite que la surface rouge hachurée, qui s'étend très loin sur la droite.

Il y a en général peu de mots-clés génériques pour un thème donné (comme « blog cuisine », « blog culinaire »), d'où l'axe des abscisses en vert restreint, et une infinité de recherches plus précises, avec au minimum 3 à 4 mots dans la requête (« blog cuisine asiatique facile », « recette nems au porc facile »), etc., dans la partie rouge. C'est elle que l'on appelle la « longue traîne ».

Le schéma montre que les mots-clés les plus recherchés (en vert) sont les plus concurrentiels car utilisés par beaucoup de sites. Ils génèrent donc peu de visites au total car il est difficile de se positionner sur la 1re page sur ces mots-clés-là.

Dans la partie rouge hachurée, la longue traîne, il y a moins de recherches faites avec ces mots très ciblés, mais également moins de probabilités que d'autres sites soient référencés sur ces mots aussi précis. Votre blog aura ainsi plus de chances de remonter sur la longue traîne, d'où l'importance de travailler les mots-clés génériques mais surtout les expressions avec plus de 3 mots-clés. Chaque expression ne va générer qu'un faible trafic (car il y a peu de probabilités que 10 000 internautes utilisent exactement les mêmes termes lorsqu'il y a 10 mots recherchés). Mais, cumulés entre eux, les mots-clés de la longue traîne génèrent plus de visites sur un site que les mots-clés génériques, plus concurrentiels.

Restez « naturel »

Il y a un certain nombre d'éléments à connaître lorsque l'on crée du contenu et qui permettent de mieux référencer son blog. Ces paramètres plus ou moins techniques correspondent aux critères de Google (utilisation de mots-clés et du champ lexical correspondant, choix des sous-titres, structure des pages, etc.), mais il s'agit surtout d'un état d'esprit à respecter et garder en tête : celui d'écrire **avant tout pour le lecteur**.

En effet, les moteurs de recherche veulent proposer aux internautes les résultats les plus pertinents, correspondant à leurs requêtes, donc plus vous proposerez du contenu intéressant pour vos lecteurs, mieux vous serez référencé : écrire pour le lecteur revient plus ou moins à écrire pour les moteurs de recherche.

On verra d'ailleurs dans les pages suivantes que la plupart des critères pris en compte par Google sont des critères qui sont pertinents pour le lecteur :

- le contenu, qui est notamment évalué grâce à la durée de visite et le nombre de pages vues par session ;
- la vitesse de chargement, qui est importante, car le visiteur ne restera pas sur un site qui met trop de temps à charger ;
- la lecture sur mobile, car les internautes sont de plus en plus mobinautes ;
- la structure des pages : titres, URL, description, qui facilitent la lecture et donnent des indications au lecteur sur le contenu : ces éléments aident l'internaute à voir rapidement si le site correspond à ce qu'il recherche.

Résultat de recherche du blog C'est ma Fournée ! : on voit en bleu le titre de l'article, en vert l'URL et en noir la date ainsi que la description, appelée meta-description.

> **Attention à la suroptimisation**
>
> Le plus gros travers dans l'application des techniques de SEO est de les appliquer sans en comprendre l'objectif ni le sens. Par exemple, le fait de répéter trop de fois un mot-clé et en faire des phrases sans queue ni tête est perçu par Google comme de la suroptimisation. Le blog est alors pénalisé et n'apparaît plus dans les résultats de recherche.

Plutôt que de suivre des procédés sans savoir à quoi ils servent, j'ai regroupé en 5 principes à suivre pour améliorer le référencement de son site. Ce sont des points que l'on a vus dans les autres chapitres, mais ici on va y ajouter la partie technique inhérente aux optimisations SEO.

1. Être accessible.
2. Proposer une bonne expérience utilisateur.
3. Créer du contenu de qualité.
4. Développer un blog qui inspire confiance.
5. Faire parler de son blog.

Suivez vos résultats et optimisez

Le référencement naturel prend du temps : il faut en moyenne 3 à 6 mois pour commencer à avoir des résultats conséquents, et acquérir du trafic régulier chaque jour. Le suivi des résultats et l'analyse des retombées fait également partie du processus d'optimisation.

Pour cela, vous pouvez utiliser Google Analytics (voir chapitre 6, p. 151) mais aussi un outil mis à disposition par Google : Google Search Console. On peut y trouver notamment les éventuelles erreurs d'exploration, la position du blog en fonction de mots-clés recherchés par les internautes, et le nombre de liens qui pointent vers le blog. Pour en savoir plus sur Google Search Console, → lien n° 37.

Principe n° 1 : soyez accessible

Un des critères importants de visite d'un blog est son accessibilité, sinon on ne peut et on ne veut pas le lire. Voici les différents paramètres à prendre en compte.

Vérifiez que vos pages sont indexables

Dans les options de votre blog, vous pouvez déterminer si vous souhaitez que celui-ci soit visible sur les moteurs de recherche ou pas. Il peut en effet être utile de ne pas afficher son blog sur Google lors de la phase de création, pour ainsi éviter d'avoir des visiteurs alors que le design n'est pas terminé. Mais il faut ensuite penser à débloquer l'indexation.

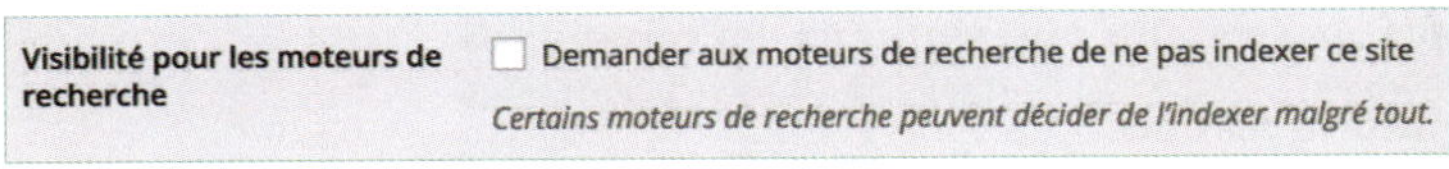

Options SEO sur Wordpress, dans Réglages > Lecture : laisser la case décochée.

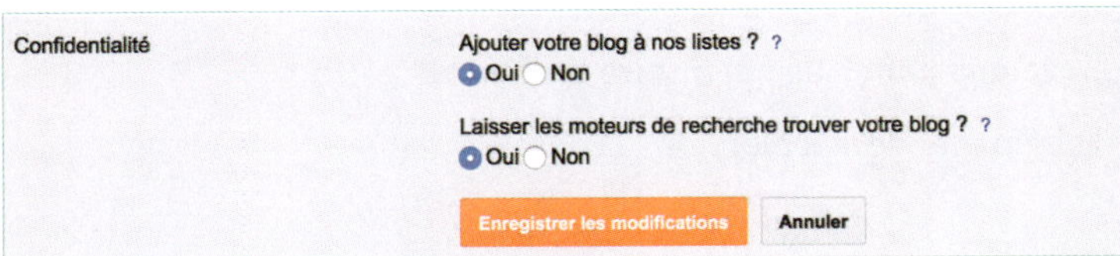

Options SEO sur Blogger, dans Paramètres > Basique : cocher Oui dans les 2 cases.

Options SEO sur Canalblog, dans Paramètres > Visibilité et référencement : choisir Oui.

Vous pouvez ensuite décider, pour chacune des pages de votre blog, si vous souhaitez qu'elle soit visible ou pas. En effet, toutes les pages ne doivent pas forcément être positionnées sur les résultats de recherche, notamment lorsqu'elles sont en plusieurs exemplaires. Pour Google, **une page est pertinente si le contenu est unique** (car malheureusement, certains blogs copient le contenu d'autres blogs, et Google préfère privilégier le site original).

Or, sur un même blog, on a plusieurs occurrences d'un même article :

- la page de votre article lui-même ;
- si l'article a été créé en février, il sera aussi sur la page des archives du mois de février ;
- si l'article est dans la catégorie « dessert », il sera présent sur votre page « dessert » ;
- idem si vous avez défini des étiquettes pour cet article (chocolat, sans œuf...).

Le même contenu est donc dupliqué sur au moins quatre pages différentes : pour Google, cela veut dire que l'une des pages est l'originale et les autres des copies ; il va ainsi mal référencer trois des quatre pages, plus ou moins au hasard. On peut donc n'afficher que des extraits au lieu des articles entiers, demander aux robots de ne pas indexer ces pages doublons en leur attribuant le meta robot « noindex », ou signaler à Google la page originale avec la balise « canonical ».

Il s'agit de techniques assez avancées, à manipuler avec précaution, car vous pouvez risquer de ne plus faire apparaître votre blog sur les résultats de recherche. Vous pouvez en outre vouloir que les pages de catégories soient indexées pour être référencé sur des mots-clés concurrentiels (cela dépend de la structure de votre blog).

Créez un sitemap

Comme vu p. 76, le plan du site permet aux lecteurs de visualiser la liste de tous les articles et pages de votre blog. En plus de cette page, créez un fichier au format xml, appelé sitemap.xml, qui contient la liste des pages à indexer. Envoyez ce fichier à Google via le Google Search Console, l'outil fourni par Google aux propriétaires de sites pour gérer le référencement et la sécurité de leurs sites (→ lien n° 42). En général, ce fichier sitemap.xml est généré automatiquement par les plates-formes de blog (→ lien n° 43).

Soignez l'ergonomie et la navigation

Adaptez l'affichage à tous les écrans

En septembre 2016, 54,3 % des visites web étaient faites sur mobile (→ lien n° 38). De plus, Google a mis à jour son algorithme en avril 2015 pour favoriser le positionnement des sites adaptés aux mobiles sur ses pages de résultats de recherches, lorsque celles-ci sont faites sur mobile. Adapter son blog au mobile n'est donc plus une option.

Améliorez le temps de chargement

47 % des internautes ne tolèrent pas qu'une page mette plus de 3 secondes à s'afficher (→ lien n° 39). Optimiser le temps de chargement de votre blog est donc indispensable pour ne pas perdre des visiteurs impatients. Vérifiez le temps de chargement de votre blog et optimisez-le (voir p. 51).

Rendez toutes les pages accessibles en moins de 3 clics

Si les articles de votre blog ne sont accessibles que depuis la page d'accueil en cliquant sur Page suivante, il est fort à parier que vos anciens articles seront très peu lus. De la même façon, Google ne va indexer que les pages facilement accessibles. Assurez-vous que tous vos articles sont accessibles en 2 ou 3 clics au maximum, par exemple depuis le menu avec vos différentes catégories et le plan du site (voir p. 76).

Créez un maillage interne

Dans chacun de vos articles, mettez des liens vers vos autres articles qui parlent du même sujet. Ces derniers seront ainsi accessibles et leur référencement sera amélioré. Par exemple dans une recette de la charlotte aux fraises, faites une mention du fraisier et mettez un lien vers cette recette.

Choisissez une typographie lisible

Le texte doit être lisible, donc privilégiez une typographie facile à lire : réservez les polices manuscrites pour les logos ou les illustrations dans des images par exemple. La taille de la police est très importante, un minimum de 15 ou 16 pixels (selon la typographie) est idéal. Pensez également à mettre un fond uni, de couleur claire si possible (avec un texte de couleur foncée).

Créez une page 404 personnalisée

La page 404 est la page d'erreur sur laquelle nous atterrissons lorsqu'une page n'existe pas ou n'existe plus.

Si cette page n'est pas personnalisée, l'internaute va sortir de votre blog, et Google considérera que celui-ci n'est pas pertinent. Si, au contraire, vous avez personnalisé votre page 404, le visiteur pourra continuer sa navigation grâce au menu.

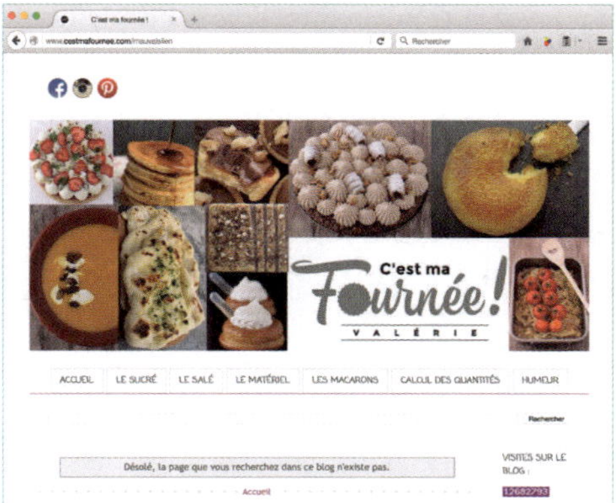

Page 404 du blog C'est ma Fournée !.

La plupart des plates-formes de blog incluent automatiquement une page 404. Vous pouvez même personnaliser le message qui s'y affichera : sur Wordpress, à l'aide d'une extension comme 404page, ou en modifiant le fichier 404.php (mais cela nécessite un minimum de connaissances en langage php → lien n° 40) ou sur Blogger dans les options du blog.

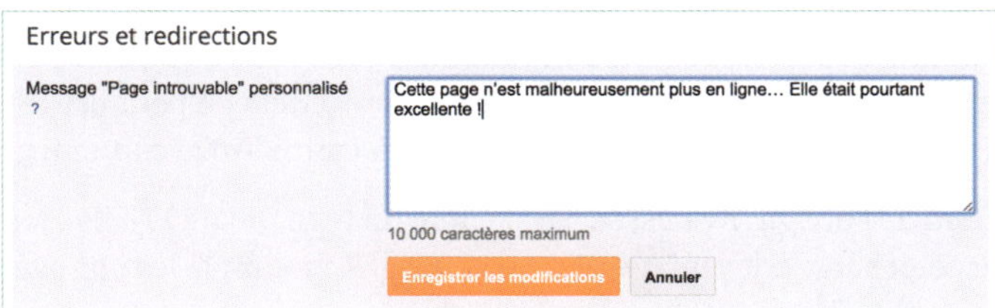

Options 404 sur Blogger, dans Paramètres > Préférences de recherche.

Générez des redirections 301 sur les liens supprimés

Encore mieux que les pages 404, si vous savez quelles pages génèrent des erreurs, vous pouvez renvoyer les liens cassés vers les pages qui remplacent les pages supprimées et dont le référencement sera transféré sur les nouvelles pages, grâce à des redirections 301.

Par exemple, si vous aviez une page avec l'adresse cestmafournee.com/charlottes/ que vous avez préféré supprimer pour créer plutôt une recette de charlotte aux fraises, vous pouvez faire une redirection 301 de cette URL vers l'adresse cestmafournee.com/charlottes-aux-fraises/ au lieu d'afficher une page 404.

Sur Wordpress auto-hébergé, utilisez l'extension Simple 301 Redirects : renseignez l'ancien lien à gauche et le nouveau à droite.

Paramétrages de redirections 301 sur Wordpress avec l'extension Simple 301 Redirects.

Sur Blogger, mettez l'ancien lien en haut et le lien de redirection en bas.

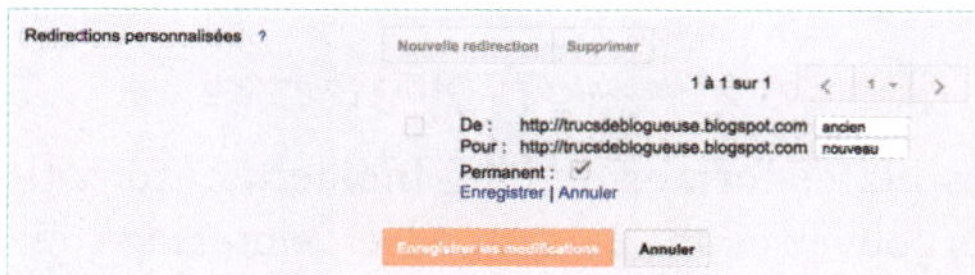

Options 404 sur Blogger, dans Paramètres > Préférences de recherche.

Renseignez les titres et textes alternatifs de vos images

Étant donné que les images ne contiennent pas de mot, Google ne peut pas (encore) deviner ce qu'elles représentent. En revanche, il peut lire le texte qui entoure l'image. On peut ainsi l'aider à en connaître le contenu grâce :

- au nom de l'image : ne laissez pas de nom du type DSC_1174.JPG lorsque vous téléchargez des images sur votre blog. Renommez-les par exemple en cestmafournee_charlotte_fraises.jpg ;
- à son titre : par exemple « C'est ma Fournée – Charlotte aux fraises » ;
- au texte alternatif (appelé techniquement balise alt) : « Charlotte aux fraises ».

Vos images pourront ainsi remonter dans les résultats de Google Images. Astuce : le fait de mettre le nom de votre blog (en plus de la description de l'image), va permettre de faire remonter les images dans les résultats de recherche lorsqu'on tapera le nom de votre blog.

Les balises alt contribuent à l'accessibilité du blog car elles permettent d'afficher du texte lorsque les images ne peuvent être chargées (par exemple lorsque la page met trop de temps à s'afficher, ou dans les e-mails avant qu'on en autorise l'affichage). Ces balises alt servent également aux personnes malvoyantes, qui utilisent un lecteur d'écran.

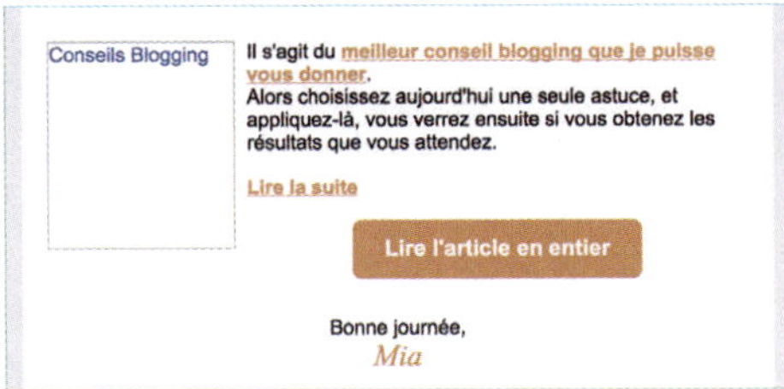

Exemple de balise alt d'une image non chargée dans un e-mail : Conseils Blogging.

Sur Wordpress, lors de l'ajout de l'image, remplissez le titre et le texte alternatif.

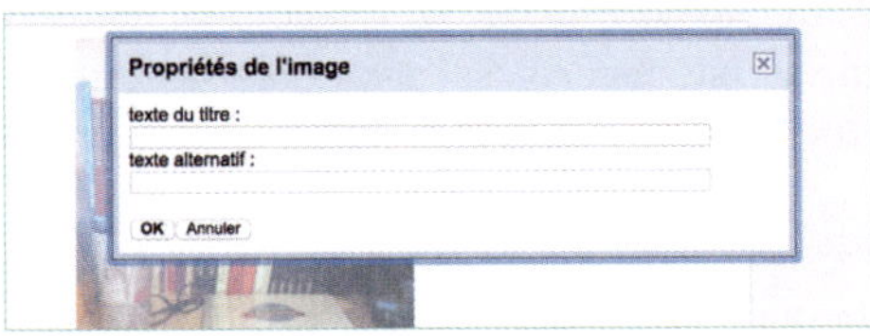

Sur Blogger, cliquez sur l'image ajoutée puis Propriétés :
remplissez le titre et le texte alternatif.

Principe n° 2 : proposez une bonne expérience utilisateur

UNE fois que vos visiteurs sont sur votre blog, veillez à ce qu'ils découvrent le reste de votre contenu en leur proposant des articles qui les intéressent et en leur facilitant la navigation (voir p. 49). Pour cela, vous devez penser en termes d'expérience utilisateur.

Créez une arborescence claire et structurée

La structure du blog joue un rôle important car elle permet aux visiteurs et à Google de comprendre les différentes thématiques abordées et de retrouver facilement l'ensemble du contenu.

En général, un blog se définit par une succession d'articles qui s'affichent dans un ordre anté-chronologique. Or, le lecteur ne va pas chercher ce que vous avez écrit le 8 mars 2014, mais plutôt si vous avez des informations sur un sujet donné. Créez donc des catégories et des sous-catégories selon les différentes thématiques que vous abordez. Par exemple, un blog cuisine peut avoir les catégories « entrées », « plats », « desserts », « boissons » et les sous-catégories « pâtes », « gratins » dans la principale catégorie « plats ».

Un article doit être attribué à une seule catégorie ou sous-catégorie : inutile de mettre la recette des spaghettis à la bolognaise à la fois dans les pâtes et les plats, car le fait de la mettre dans une sous-catégorie lui attribue automatiquement la catégorie correspondante.

Par contre, on peut attribuer plusieurs étiquettes à un article : si on voit qu'un article a pour catégorie « dessert » et comme étiquettes « chocolat », « healthy », « facile », « pas cher », vos lecteurs sauront que vous avez d'autres articles sur ces thématiques. Cela peut leur donner envie de les découvrir.

Créez des menus

Les menus permettent d'accéder aux différentes catégories et aux pages importantes. Par exemple, un menu principal avec les catégories qui reprennent les grandes thématiques de votre blog, et un menu secondaire (ce peut être dans le footer) qui reprend des pages comme les mentions légales, les pages Contact et À propos.

Mettez un fil d'Ariane

Pour aider vos lecteurs à savoir où ils sont sur votre blog (surtout s'ils y accèdent depuis une page interne et non via la page d'accueil), vous pouvez afficher en haut de page un fil d'Ariane qui indique dans quelle catégorie ils se trouvent, ainsi que le chemin depuis la page d'accueil. Ceci est valable surtout lorsque vous avez des catégories et sous-catégories. Pour ajouter un fil d'Ariane sur votre blog → lien n° 41.

Vous êtes ici : Accueil / Prestations / Création de blog et site /Migration de blog vers WordPress

Exemple de fil d'Ariane sur le site Blog Me Tender.

Proposez une barre de recherche

Le visiteur pourra ainsi rechercher du contenu sur le sujet qui l'intéresse, même s'il n'est pas spécifiquement indiqué dans les catégories ou les étiquettes.

Proposez du contenu relatif

Dans chaque article, mettez des liens vers :

- les articles dont vous parlez, dans le contenu lui-même (comme vu p. 96 pour le maillage interne),
- des articles qui traitent du même sujet, à la fin, avec une mention du genre « Ces articles peuvent aussi vous intéresser ».

Ne créez pas de contenu trop similaire

Si vous avez plusieurs pages avec la même recette (par exemple des cookies faits maison et des cookies traditionnels), vos lecteurs ne sauront pas laquelle choisir et cela va gêner leur compréhension. Il en est de même pour Google ; évitez donc de créer du contenu trop similaire. Il faut qu'il y ait des différences notables entre chaque page : par exemple une recette de cookies au chocolat blanc et une recette de cookies aux noix. Veillez toutefois à bien modifier le contenu et ne pas copier-coller tout le texte et juste remplacer les ingrédients.

Mettez des liens (internes et externes)

Lorsque vous parlez d'un article (de votre site ou d'un autre) et que vous mettez un lien vers celui-ci, cela facilite la navigation de vos lecteurs, qui peuvent ainsi accéder en un clic à l'information à laquelle vous avez fait référence. Les liens internes participent à l'amélioration du référencement des pages vers lesquelles vous pointez, comme vu p. 96 sur le maillage interne. Concernant les liens externes, Google considère également que le fait de mettre des sources est un signe de qualité car vous reprenez du contenu qui appuie vos propos.

Or, lorsque vous faites des **liens externes** vers d'autres sites, vous contribuez à améliorer le référencement de ces sites-là : Google crawle en effet les sites et leurs pages en suivant tous les liens qu'il rencontre, et les référence en fonction de ce qu'il aura trouvé. Ainsi, si le site de marmiton.org fait un lien vers votre blog, il vous transmettra un peu de son référencement. C'est la raison pour laquelle Google ne souhaite pas que l'on fasse de l'échange ou de l'achat de liens, car cela signifie que ces liens ne sont pas naturels et que l'on falsifie ses résultats.

On peut indiquer à Google de ne pas transmettre son référencement vers les liens externes, à l'aide de l'attribut « nofollow » (qui signifie « ne pas suivre »), que l'on insère dans les liens html (→ lien n° 44).

Vous pouvez donc mettre des liens classiques vers les sites dont vous parlez (cela améliore votre référencement si ces liens sont pertinents), sauf pour les liens suivants qui doivent être en « nofollow », sous peine d'être pénalisés par Google :

- les liens dans les articles sponsorisés ;
- les liens d'affiliation.

Par défaut, un lien est en « follow ». Vous pouvez modifier ce lien et le mettre en nofollow à l'aide de la balise html suivante (en modifiant votre page en mode html), avec en vert l'URL sur laquelle on pointe, et en bleu le texte qui va s'afficher sur le lien :

- Lien en follow : <a href="**http://www.site.com/**">*ancre du lien*</a> ;
- Lien en nofollow : <a href="**http://www.site.com/**" rel="nofollow">*ancre du lien*</a>.

Vérifiez les liens cassés

Si vous mettez des liens externes vers des sites qui ont fermé par exemple, vous amenez vos visiteurs vers des impasses. Vous ne proposez pas un parcours optimisé pour le visiteur. Vérifiez donc régulièrement les liens dans vos articles, et remplacez-les par d'autres s'ils ne fonctionnent plus.

Dans Wordpress, l'extension Broken Link Checker vous indique lorsque vos liens sont cassés.

Principe n° 3 : créez du contenu de qualité

Comme je l'ai déjà dit, s'il n'y avait qu'une seule recommandation à donner pour augmenter le trafic de votre blog, ce serait de créer du contenu de qualité ; c'est le même conseil que je vais vous donner pour améliorer le référencement (et donc le trafic) de votre blog. Cet unique conseil peut apporter de très bons résultats.

- Faire rester vos visiteurs plus longtemps sur votre blog.
- Les faire revenir.
- Obtenir des commentaires.
- Récolter des liens externes : si un de vos articles ou bien votre blog complet permet d'aider vos lecteurs, ils auront envie de partager votre contenu sur leur propre blog ou sur leurs réseaux sociaux.
- Obtenir du trafic depuis ces liens, car si la mention est faite dans le bon contexte, les internautes auront sûrement envie de cliquer et découvrir votre blog.

Cela contribue à améliorer le référencement de votre blog étant donné que Google regarde les critères suivants : durée de visite, commentaires (donc contenu mis à jour sur le même champ lexical), liens externes, taux de rebond.

Des articles qui apportent de la valeur aux lecteurs

Votre article doit être le plus complet possible (voir p. 62) et devenir une référence sur ce sujet. Par conséquent, il sera en général assez long. Des tests ont montré que plus l'article était long (plus de 2 000 mots), mieux il était positionné (→ lien n° 45).

Du contenu adapté à votre cible

Le vocabulaire que vous utiliserez dans vos articles va correspondre au sujet et il va se créer un champ lexical : les mots-clés et leurs synonymes utilisés dans leur contexte se dégageront naturellement. C'est ce qui va permettre à Google de comprendre de quoi vous parlez et ainsi vous positionner selon les recherches des internautes.

Des articles sur l'actualité mais aussi des articles intemporels (voir p.69).

Un contenu original, unique : pas de contenu dupliqué

Google pénalise fortement les sites qui reprennent un contenu existant, car il souhaite proposer aux internautes les contenus originaux. On peut trouver 3 sortes de « copies ».

- Le plagiat : vérifiez régulièrement qu'on ne copie pas vos articles, grâce à l'outil Copyscape (→ lien n° 46) et demandez au contrefaiseur de les supprimer. Sinon, vous risqueriez que Google pense que c'est vous la copie !
- Les archives de blog : pour que votre contenu ne soit pas repris entièrement sur les autres pages de votre blog, mettez des extraits de vos articles sur la page d'accueil, dans vos pages d'archives, de catégories et étiquettes.
- Le flux RSS et leur utilisation sur des sites comme Hellocoton (voir p. 138) : définissez votre flux RSS avec des extraits pour ne pas retrouver votre contenu complet sur d'autres sites (en savoir plus sur les flux RSS p. 136). Vous pouvez définir les extraits dans les options de votre blog, par exemple ci-après sur Wordpress, Blogger ou Canalblog.

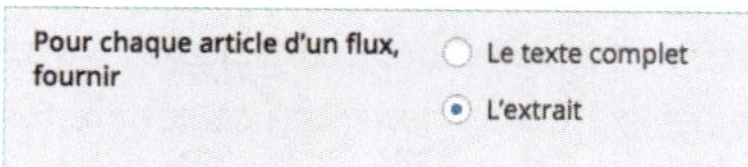

Options du flux RSS sur Wordpress, dans Réglages > Lecture.

Options du flux RSS sur Blogger, dans Paramètres > Autre.

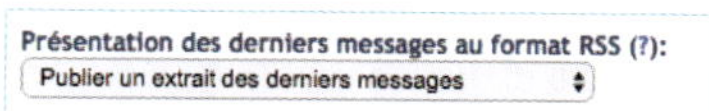

Options du flux RSS sur Canalblog, dans Paramètres > Visibilité et référencement.

Sur Hellocoton, évitez la duplication de contenu en choisissant l'option Désactiver la top bar Hellocoton sur mon blog, dans l'onglet Mon blog/site, de vos paramètres.

Des titres attractifs

Sur la page de résultats Google, il ne suffit pas d'être bien positionné, il faut aussi donner envie de cliquer, grâce au titre, à l'URL et à la meta-description. Ces éléments permettent au lecteur de savoir si le contenu correspond bien à sa recherche.

Résultat de recherche du blog C'est ma Fournée ! : en bleu, le titre de l'article, l'URL, et en noir, la date ainsi que la description, appelée meta-description.

Google reconnaît un titre grâce à une balise <title>. Ce titre est affiché sur les résultats de recherche ainsi que dans l'onglet du navigateur.

Affichage du titre au passage de la souris dans l'onglet du navigateur Chrome.

Le « title » reprend en général le titre de l'article suivi du nom du blog. Ceci se fait automatiquement sur les plates-formes de blog mais, sur Wordpress, vous pouvez en choisir la structure (→ lien n° 47).

Il vaut mieux mettre le contenu de la page avant le nom du blog : les internautes recherchent par exemple une recette de cookies. « Les cookies de Laurent Jeannin – C'est ma Fournée ! » sera donc plus impactant que « C'est ma Fournée ! – Les cookies de Laurent Jeannin ».

Vous pourrez ensuite modifier manuellement le « title » de chaque page, notamment sur Wordpress avec l'extension SEO by Yoast.

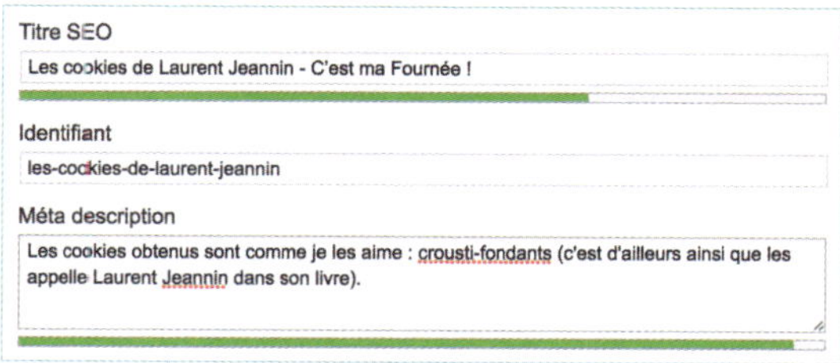

Paramètres SEO sur Wordpress avec l'extension SEO by Yoast, dans l'administration d'un article.

Des URL personnalisées

Une URL renseignée va permettre au visiteur de savoir à quoi correspond le contenu qu'il va lire. Par exemple, si un internaute fait une recherche sur Google en tapant « cookies Laurent Jeannin », une page dont l'URL est www.cestmafournee.com/les-cookies-de-laurent-jeannin lui donnera plus envie de cliquer qu'une page dont l'URL est www.cestmafournee.com/article-2345.

Si les options de votre plate-forme vous permettent de choisir la structure des permaliens (URL), choisissez donc ceux qui reprennent le titre de votre article, et non pas une série de chiffres.

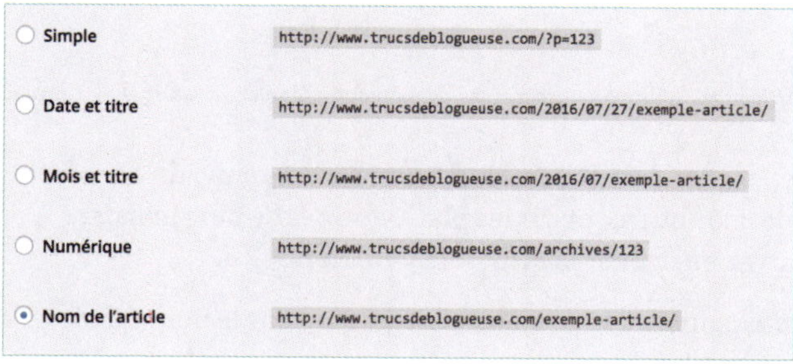

Paramétrages des URL sur Wordpress : Réglages > Permaliens.

Sur Wordpress et Blogger, vous pourrez les personnaliser individuellement ensuite, si besoin, lors de la création de chaque nouvel article.

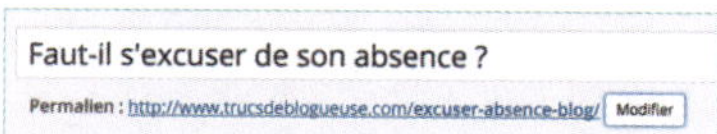

Modification de l'URL d'un article sur Wordpress : sans modification, l'URL reprendrait le titre de l'article.

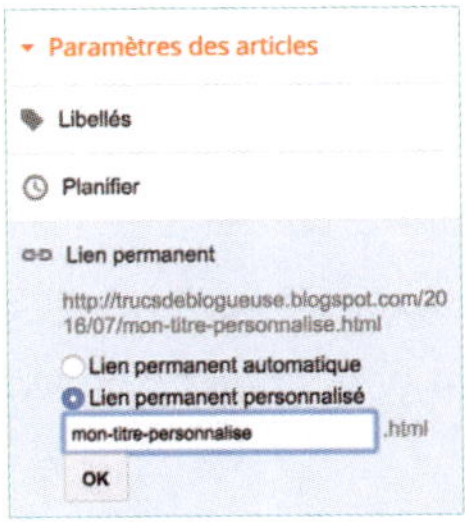

Modification de l'URL d'un article sur Blogger :
sans modification, l'URL reprendrait le titre de l'article.

Remplissez la meta-description de chaque page

La meta-description est, comme le « title », visible sur les résultats de recherche Google. Elle permet de décrire le contenu de l'article, en montrant le plus souvent un extrait, d'une longueur de 180 caractères environ.

Parfois, cette description est également reprise sur la page d'accueil du blog (ou sur les autres pages d'archives et de catégories). Elle est importante car c'est ce résumé qui va donner envie aux internautes de cliquer sur votre article.

Vous avez la possibilité de remplir manuellement la meta-description de chaque page, mais si vous ne le faites pas, Google prendra un extrait de votre article. Avec Wordpress, vous pouvez modifier la meta-description grâce à l'extension SEO by Yoast (voir figure ci-contre, en haut).

Du contenu facile à lire

Comme on l'a vu p. 66, soignez la mise en page de vos articles afin d'en faciliter la lecture : texte structuré, en gras... De même que pour les titres, Google reconnaît les sous-titres grâce à ce qu'on appelle des balises Hn. Il s'agit d'un code html qui « entoure » le sous-titre :

```
<h2>Sous-titre</h2>
<h3>Sous-sous-titre</h3>
```

La balise h1 doit être unique et représenter le contenu de l'article, il s'agira donc du titre de l'article pour le lecteur déjà sur le blog (tandis que la balise title est destinée aux recherches sur Google). Par conséquent, n'utilisez les balises qu'à partir de h2 pour le contenu de l'article.

Sur Wordpress, il suffit de sélectionner le style du texte, les balises vont s'ajouter automatiquement (vous pouvez le vérifier en passant en mode html) : h2 pour « Titre 2 », h3 pour « Titre 3 », etc.

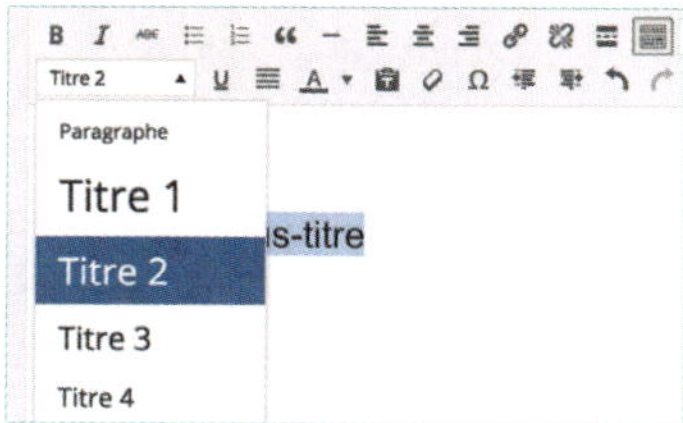

Style de police sur Wordpress, dans l'administration d'un article : titre 2 pour la balise h2.

Sur Blogger, la balise h2 est utilisée pour la date de l'article. Le sous-titre utilise une balise h3 et le titre secondaire une balise h4.

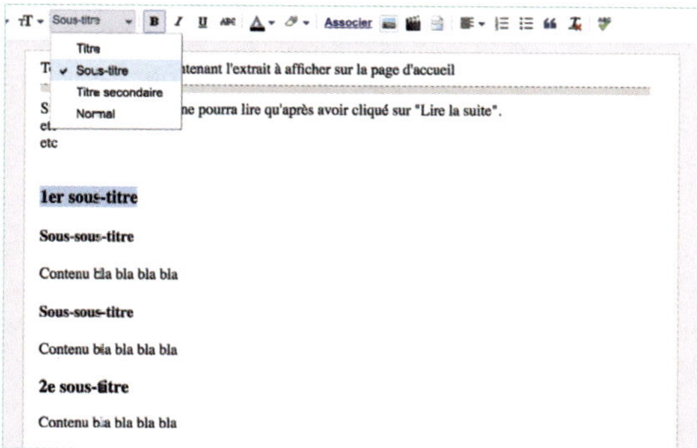

Style de police sur Blogger, dans l'administration d'un article : Sous-titre, pour la balise h3 et Titre secondaire, pour la balise h4.

L'organisation doit être la suivante.

- Title : titre visible dans les résultats de recherche Google et dans l'onglet du navigateur

  « Recette de cookies moelleux – C'est ma Fournée ! »

- Titre h1 : visible sur la page du blog. Vous pouvez très bien mettre un h1 différent du title :

« Mes cookies préférés »

- Sous-titres h2, h3, etc. :
  - « Ingrédients utilisés pour la pâte » (balise h2)
    - « Pour ceux qui ont peu de temps » (balise h3)
    - « Pour ceux qui veulent faire la recette originale » (balise h3)
  - « Ingrédients utilisés pour la garniture » (balise h2)
    - « Avec du chocolat au lait » (balise h3)
    - « Avec du chocolat noir » (balise h3)
      - « Recette vegan sans lait » (balise h4)
      - « Recette traditionnelle » (balise h4)

Des mots-clés placés aux bons endroits

Choisissez les mots-clés stratégiques pour chacun de vos articles, puis placez-les dans le titre, l'URL, les sous-titres avec les balises h2, h3, h4..., le contenu et la meta-description.

Vous pouvez noter que dans l'exemple ci-dessus, je n'ai pas mis les mots-clés « cookies » dans les h2, ni h3, ni h4, car cela n'aurait pas été naturel de mettre :

- « Ingrédients utilisés pour la pâte à cookies » (balise h2)
  - « Pour ceux qui ont peu de temps pour la recette de cookies » (balise h3)
  - « Pour ceux qui veulent faire la recette originale de cookies » (balise h3)

Mes lecteurs savent déjà que je parle de cookies, ça ne sert à rien de le répéter autant de fois. Par contre, il se peut fortement que j'utilise ce mot dans le contenu ainsi que le champ lexical associé, ce qui va rendre mon article pertinent sur cette recherche. Pour éviter la suroptimisation, remplissez chaque partie naturellement.

Des images qui illustrent vos propos

Ajoutez des images dans vos articles, cela permet d'aérer le texte et de reposer les yeux pendant la lecture. La durée de visite de vos lecteurs va ainsi augmenter, signal positif pour Google.

Du contenu récurrent (voir p. 70)

Principe n° 4 : développez un site qui inspire confiance

Parce qu'un blog pertinent pour un lecteur l'est aussi pour Google, le fait d'avoir un site de confiance va pouvoir contribuer au référencement de votre blog. Ainsi, présentez les éléments de réassurance suivants sur votre blog.

- Une page À propos (voir p. 43).
- Une page Contact (voir p. 119).
- Des mentions légales (voir l'encadré « Respectez la loi » p. 192).
- Vos profils de réseaux sociaux.
- Autorisez vos lecteurs à laisser des commentaires.
- Enregistrez votre nom de domaine dès que possible : en effet, l'historique joue un rôle dans le référencement, un site plus ancien sera mieux référencé qu'un récent.
- Enregistrez votre nom de domaine pour une longue durée : habituellement on le fait annuellement mais vous pouvez enregistrer votre nom de domaine plusieurs années à l'avance, ce qui prouve que vous avez envie de continuer à faire vivre votre blog encore longtemps.

Tous ces éléments montrent que le blogueur n'a rien à cacher, souhaite communiquer avec ses lecteurs et donc a vocation à proposer un blog de qualité (et non pas d'arnaque ou de spam par exemple).

Principe n° 5 : faites parler de vous

Avec le contenu, le critère le plus important pour référencer son blog est le **nombre** et la **qualité** des **liens entrants**, ou backlinks. Il s'agit des liens que font les autres sites vers votre blog. Google considère que si d'autres sites liés à votre thématique parlent de vous et vous recommandent, c'est que votre blog doit être pertinent.

Plusieurs types de backlinks existent, et ces liens entrants vers votre blog doivent être variés (souvenez-vous, ce doit être naturel). On peut tout de même définir les meilleurs types de backlinks.

Des backlinks de qualité

Des liens de qualité vers votre blog proviennent de :

- pages ayant la même thématique que la vôtre ;
- sites bien référencés ;
- sites non pénalisés, c'est-à-dire qu'on doit pouvoir les trouver dans les résultats de recherche.

Ces liens sont idéalement placés dans le corps même des pages et non dans le footer (pied de page) ou la sidebar (colonne sur le côté), si possible dans le début du texte. Un backlink de qualité est un lien qui est cliqué, car intéressant pour les lecteurs.

Un grand nombre de backlinks

Le nombre de backlinks va jouer un rôle important dans le référencement : plus vous en aurez (et qui soient qualitatifs), mieux vous serez référencé.

- Particulièrement, le nombre de noms de domaine différents qui font au moins un lien vers votre blog : en effet, si un blog met votre lien dans sa sidebar, vous aurez autant de liens qu'il a de pages (plusieurs centaines), mais un blog qui a des liens sur 10 blogs différents sera mieux référencé. De plus, Google pénalise les liens du type blogroll.
- Nombre de liens nouveaux et perdus : vous pouvez gagner des liens mais aussi en perdre (par exemple si un site ferme). Le nombre de liens gagnés doit être supérieur aux liens perdus.

- La fréquence d'acquisition des liens va aussi être analysée : si vous avez 100 backlinks d'un coup en 1 semaine puis plus rien pendant plusieurs mois, cela va sembler suspect pour Google car vous aurez sûrement fait une campagne de promotion au début mais la qualité de votre blog n'aura pas permis de générer des liens naturels ensuite.
- Les liens par rapport aux concurrents : Google reconnaît les sites concurrents de par leur contenu similaire. Il peut ainsi comparer les backlinks de chacun, et déterminer quels sites sont les plus pertinents.

Des ancres variées et non suroptimisées

L'ancre d'un lien est le texte qui apparaît et qui est en général souligné. Par exemple, lorsque vous voyez un lien Lire la suite, l'ancre est le texte « Lire la suite ». Il arrive ainsi que l'on intègre un lien directement dans le contenu : par exemple, si on parle d'un fraisier, le clic sur le texte renverra vers la page en question. Ici, l'ancre du lien est « fraisier ».

La présence des mots-clés dans le texte ancre est importante pour le lien vers lequel il dirige, mais ne suroptimisez pas en ne créant que des liens contenant les mots-clés (comme « recette fraisier facile »). Variez en donnant directement l'URL ou bien des liens naturels comme le nom du site (pour un lien externe) ou du type « Cliquez ici » ou « En savoir plus ».

Des liens en follow

On a vu que quand vous faites des liens externes en follow vers d'autres sites, vous contribuerez à améliorer le référencement de ces sites-là. Donc, à l'inverse, si des liens externes en follow pointent vers votre blog, ils vont contribuer à améliorer le référencement de votre blog.

Les liens en nofollow peuvent apporter du trafic non négligeable vers votre blog donc ne les boudez pas.

Comment avoir des backlinks ?

Pour avoir des liens vers votre blog, vous avez plusieurs possibilités.

- Écrire des **articles qui aident vos lecteurs**. Une partie de votre audience aura également un blog, et certains lecteurs voudront vous mentionner pour vous remercier de les avoir aidés. C'est d'ailleurs ce type de liens que Google privilégie car il s'agit pour lui de liens naturels qui indiquent vraiment la pertinence de votre blog, sans que vous ne soyez intervenu.

- Écrire des **articles invités** sur des blogs qui ont la même thématique que le vôtre et mettre des liens vers votre blog ainsi que vers les articles les plus susceptibles d'intéresser les lecteurs du blog qui vous invite (voir p. 144). Les articles doivent être qualitatifs et apporter une vraie valeur ajoutée aux lecteurs, sinon Google pourrait les identifier comme étant créés uniquement pour améliorer le référencement, et par conséquent vous pénaliser (→ lien n° 93).
- Mettez des messages sur les **forums de discussion**, en répondant aux questions posées (voir p. 146).
- Mettez des **boutons de partage** sur vos articles. Vous aurez ainsi des liens vers vos articles depuis les réseaux sociaux. Ces liens ne vont pas améliorer le référencement directement (car ils sont en nofollow), mais le trafic engendré par ce biais est un signal positif pour Google. Montrez également que vous êtes présent sur ces réseaux en mettant en avant les icônes de vos profils.
- **Commentez les articles** des autres blogs et mettez le lien vers votre blog dans le champ prévu à cet effet. Comme pour les réseaux sociaux, les liens sont généralement en nofollow. L'amélioration du référencement va donc être ici indirecte.

Comme vu précédemment pour les liens externes, ne faites pas d'échange de liens sous peine d'être pénalisé par Google.

Communiquez, créez une communauté, fidélisez

Favorisez les commentaires

L'AVANTAGE d'un blog par rapport à un site vitrine, c'est que les lecteurs peuvent interagir avec le blogueur. Par ailleurs, la personnalité de ce dernier, sa façon unique d'écrire ou de présenter son contenu, permettent aux lecteurs de s'attacher et les incite à revenir lire le blog. Soyez accessible : favorisez les commentaires sur les articles, facilitez les contacts entre vos lecteurs et vous.

Vos lecteurs deviendront ainsi un groupe particulier que l'on peut appeler « communauté » : vous verrez qu'un noyau dur viendra commenter régulièrement votre blog et vous commencerez à reconnaître certains de vos lecteurs réguliers. Ils peuvent même devenir vos ambassadeurs, en parlant de vous à leur entourage, et qui sait, devenir des partenaires ou des amis !

Pourquoi ça augmente le trafic ?

C'est un peu comme dans un restaurant ou un magasin : on a plus envie d'y entrer lorsqu'il y a déjà des clients à l'intérieur. Cela valide en quelque sorte le fait que le lieu est digne d'intérêt.

Qu'ils soient sous l'article ou sur les réseaux sociaux, les commentaires nous permettent de savoir si ce que nous avons écrit a plu (plus que les statistiques), de continuer la conversation après l'article et, pourquoi pas, d'apporter des éclairages supplémentaires de la part des lecteurs si on a oublié certains points. Ils donnent l'impression de ne pas avoir écrit « pour rien ». C'est ce qui rend un blog vivant ! Alors comment inciter vos lecteurs à laisser un commentaire ?

- **Écrivez un article de qualité** : on revient toujours au même conseil, mais lorsqu'un article répond à un besoin, est précis et apporte une valeur ajoutée, les lecteurs ont envie de remercier le blogueur.
- **Écrivez un article qui fait réagir** : avec des émotions (humour, tristesse, colère...), du suspense, une fin à laquelle on ne s'attend pas.

- **Donnez votre avis sur un produit ou un service** et demandez à vos lecteurs ce qu'ils en ont pensé de leur côté.
- **Parlez d'un sujet technique** et vos lecteurs vous poseront des questions s'ils n'ont pas tout compris, ou bien vous remercieront de les avoir débloqués.
- **Personnalisez** : signez vos articles, utilisez un prénom pour que l'on puisse s'adresser à vous, donnez des anecdotes, faites ressortir votre personnalité, bref, montrez qu'il y a derrière le blog une vraie personne à qui l'on peut parler.
- **Demandez à vos lecteurs de commenter**. Incitez-les à réagir en fin d'article. Si vous le faites au milieu d'un billet, ils auront oublié une fois l'article lu.
- **Posez la bonne question** : évitez les questions trop vagues comme « Qu'en pensez-vous ? » Posez une vraie question précise, en rapport avec le sujet de l'article. La question doit être ouverte car les réponses du genre « Oui » ou « Non » n'incitent pas à commenter.
- **Donnez une raison de commenter** : vos lecteurs ne vont commenter que s'ils y trouvent un intérêt, que ce soit pour avoir plus d'informations, pour participer à un jeu-concours, pour vous remercier et créer une relation avec vous. Donc proposez-leur de poser des questions auxquelles vous répondrez, organisez un jeu-concours dont le mode opératoire est de mettre un commentaire...
- **Facilitez la tâche** : le formulaire de commentaires doit être accessible sur ordinateur, tablette et mobile, et être le plus simple possible : nom, adresse e-mail, commentaire et bouton Valider. Évitez les formulaires où il faut être inscrit à une plate-forme pour pouvoir commenter. L'idéal serait qu'en plus, un mail automatique leur soit envoyé lorsque vous répondez à leur commentaire. Selon les plates-formes de blog, vous pourrez plus ou moins personnaliser ces options ; la meilleure solution est Wordpress auto-hébergé.
- **Sachez que ce n'est pas automatique** : selon la thématique du blog et le sujet de l'article en question, il sera plus ou moins amené à être commenté. De plus, seul un faible pourcentage de vos visiteurs va commenter. Par exemple, pour mes articles, j'ai entre 0 et 20 commentaires sur 100 vues, avec une moyenne de 2 %.

- **Sachez ce que vous voulez** : si vous avez d'autres objectifs pour votre blog en plus du nombre de commentaires (l'inscription à la newsletter ou aux réseaux sociaux, le nombre de pages/visites, les liens d'affiliation...), et que vous proposez ces différentes options, les visiteurs vont avoir tendance à s'éparpiller. Réfléchissez donc à vos priorités et déterminez un seul objectif par page, donc un seul appel à l'action ; enlevez si besoin les éléments « perturbateurs ».
- **Répondez aux commentaires** : si vos lecteurs voient que vous répondez aux commentaires laissés par les autres, ils seront plus enclins à en laisser eux-mêmes.
- **Commentez chez les autres blogueurs** : si votre commentaire est pertinent, cela peut donner envie au blogueur et aux autres lecteurs de découvrir votre blog (mettez le lien vers votre blog dans le champ prévu à cet effet), et de commenter chez vous en retour.
- **Soyez patient** : avoir du trafic, des commentaires sur ses articles, créer une communauté, prend beaucoup de temps. Ne baissez pas les bras, soyez persévérant, bloguez avec plaisir et donnez sans attendre en retour : les résultats viendront avec le temps.

À vous de jouer

Mettez-vous tout en œuvre pour inciter vos lecteurs à commenter ?

- ☐ Votre article répond à un besoin précis.
- ☐ Vous êtes accessible, vous vous adressez à vos lecteurs avec le pronom « vous ».
- ☐ Vous posez une question ouverte à la fin de votre article.
- ☐ Votre formulaire de commentaires est facile à utiliser et lisible sur tous les supports.
- ☐ Vous répondez aux commentaires, même si c'est juste pour les remercier d'avoir commenté.
- ☐ Vous commentez chez d'autres blogueurs.

Créez une page Contact

L'ESPACE réservé aux commentaires n'est peut-être pas suffisant pour certains de vos lecteurs qui souhaiteraient **discuter ou vous poser des questions plus discrètement. Quel que soit l'objectif** de votre blog, il faut laisser à vos lecteurs un moyen de vous contacter car c'est comme cela que vous développerez votre communauté. C'est également par ce biais que de futurs partenaires ou clients vous contacteront.

Que mettre dans une page Contact ?

- Un petit texte qui incite vos lecteurs à vous contacter.
- Le type de questions auxquelles vous pouvez répondre et les partenariats pour lesquels vous souhaiteriez être contacté.
- Un lien vers une page de FAQ pour les questions les plus fréquentes.
- Plusieurs moyens de contact, par exemple :
  - un **formulaire de contact ;**
  - votre **adresse mail** ; il vaut mieux ne pas l'afficher telle quelle (« nom@mail.com ») car vous pourrez être spammé. Écrivez « nom (at) mail.com » à la place ;
  - **un numéro de téléphone** (si vous avez une boutique par exemple, cela peut rassurer vos futurs clients) ou votre contact **Skype ;**
  - vos profils sur les **réseaux sociaux,** mais ce ne doit pas être votre seul moyen de contact, car tout le monde n'a pas forcément de compte sur Facebook, Twitter, etc.

La page doit absolument être accessible depuis toutes les pages du blog, dans le menu de navigation ou dans le footer, et également sur votre page À propos, car c'est souvent après avoir vu ce que vous proposez et qui vous êtes que vos lecteurs auront envie de vous contacter.

Pourquoi ça augmente le trafic ?

Le fait d'être accessible va développer la confiance qu'auront vos lecteurs, les contacts que vous aurez vont vous permettre de créer une communauté et donc d'avoir des lecteurs réguliers.

Envoyez des newsletters

UNE newsletter est un e-mail périodique envoyé par un expéditeur à un destinataire à la demande de ce dernier, et qui contient des informations intéressantes pour lui. Dans le cadre d'un blog, une newsletter permet en général d'envoyer à ses lecteurs les derniers articles publiés ou du contenu exclusif. Mais vous pouvez très bien mettre en avant d'anciens articles qui pourraient intéresser vos nouveaux abonnés.

Pourquoi envoyer des newsletters ?

Une des premières raisons est que pratiquement tout le monde possède une adresse e-mail. C'est donc le meilleur moyen d'atteindre tout le monde – alors que les réseaux sociaux ne touchent que ceux qui y ont un compte.

De plus, il s'agit d'un des meilleurs moyens pour avoir du **trafic à la demande**. Quand vous écrivez un article, vous optimisez son référencement et vous le partagez sur les réseaux sociaux. Mais vous ne pourrez pas prévoir à l'avance combien de personnes vont le lire, contrairement aux newsletters. En effet, selon le nombre d'abonnés à votre newsletter, le taux d'ouverture et le taux de clic (ou taux de réactivité) moyens, vous pourrez estimer le nombre de personnes qui vont venir vous lire (voir encadré).

Une fois que votre système de newsletter est mis en place, vous n'avez rien à faire si ce n'est personnaliser son contenu, mais le nombre d'inscrits n'augmente pas la charge de travail. De plus, le nombre d'abonnés augmente tous les jours si vous mettez bien en avant les formulaires d'inscription, donc le trafic va augmenter à chaque envoi de newsletter. C'est exponentiel.

Un autre avantage est qu'avec la newsletter, vous pourrez instaurer une **relation privilégiée** avec vos lecteurs, car un e-mail est personnel et ils pourront s'adresser à vous facilement en retour.

Comment créer une liste d'abonnés ?

Proposez sur votre blog un **formulaire d'inscription** à votre newsletter et demandez a minima l'adresse e-mail, et pourquoi pas le nom et prénom (voire plus) pour pouvoir personnaliser vos envois. Ces données seront stockées automatiquement dans la liste que vous aurez préalablement créée. Il existe un grand nombre de logiciels qui permettent de récolter et de stocker une liste d'abonnés. En général, ces logiciels permettent aussi d'envoyer les newsletters. Les plus connus sont Mailchimp (→ lien n° 50), Aweber ou Mailpoet, et chacun propose une version d'essai gratuite ; j'utilise pour ma part GetResponse (→ lien n° 51) car il est en français et propose un grand nombre de fonctionnalités très poussées. (Comment créer une liste d'abonnés → lien n° 52.)

Quelques définitions

On appelle **taux d'ouverture** le nombre de personnes qui ouvrent votre e-mail, sur le nombre total ayant bien reçu le message.

Le **taux de réactivité**, aussi appelé « taux de clic sur ouverts », est le nombre de personnes qui vont cliquer sur un des liens de votre e-mail, par rapport au nombre de personnes ayant ouvert l'e-mail.

Le **taux de clic** tout court est le nombre de personnes ayant cliqué, sur le nombre total de personnes ayant reçu l'e-mail.

En moyenne, le taux d'ouverture est de 20 à 60 % et le taux de clic de 5 à 20 % selon votre thématique et le sujet dont vous allez parler (entre autres critères que vous pouvez optimiser).

Si par exemple vous avez 1 000 abonnés avec un taux d'ouverture moyen de 40 %, 400 personnes ouvriront votre e-mail. Avec un taux de réactivité moyen de 30 %, cela signifie que 120 personnes liront votre article. Cela fait ainsi un taux de clic de 12 %, donc 12 % de vos abonnés iront sur votre blog.

Par conséquent, si vous avez 2 000 abonnés, cela fait 240 visiteurs en moyenne à l'envoi de chaque newsletter. Si vous en avez 10 000, cela fait 1 200 visites. Et vous pourrez en envoyer quand vous le voulez (dans la limite du raisonnable pour ne pas spammer vos lecteurs). Vous pouvez dans ce dernier cas compter sur 1 200 visites par semaine voire par jour par exemple, sans compter les autres sources de trafic.

Remarque : en réalité, plus vous allez envoyer d'e-mails, et plus le taux d'ouverture et de clic vont diminuer car vos abonnés n'ouvriront pas tous vos messages.

Attention, vous devez absolument avoir l'autorisation de vos abonnés pour leur envoyer une newsletter. La CNIL (Commission nationale de l'informatique et des libertés) impose de s'enregistrer sur son site lorsque l'on utilise des données personnelles (et l'adresse e-mail en fait partie). Allez sur https://www.cnil.fr/fr/declarer-un-fichier/ (ou → lien n° 53) pour enregistrer votre blog, sous peine de poursuites judiciaires. Votre numéro d'enregistrement doit ensuite figurer dans vos mentions légales (voir p. 192).

Comment inciter vos lecteurs à s'abonner ?

Vos formulaires d'inscription doivent être visibles pour que vos lecteurs n'aient pas à les chercher. Vous pouvez les afficher à divers endroits, mais n'en abusez pas, sinon cela peut agacer :

- dans la sidebar, ou dans le footer ;
- à la fin de vos articles : après avoir lu un de vos articles, vos lecteurs pourront décider s'ils veulent continuer à vous suivre ou pas ;
- dans une barre horizontale tout en haut du blog ;
- en pop-up : cela peut paraître intrusif et faire fuir en pleine lecture, mais vous pouvez paramétrer les options pour que le formulaire ne s'affiche qu'à certains moments :
  - après un certain nombre de minutes (ou secondes),
  - après la 1re page vue,
  - lorsque le lecteur arrive en bas de page,
  - ou lorsqu'il s'apprête à sortir de votre blog,
  - seulement à ceux qui ne l'ont pas encore vu ;
- en slide-in (le formulaire apparaît en bas à droite) : c'est une bonne alternative aux pop-up car il ne gêne pas la lecture de l'article mais reste assez visible pour que le visiteur le remarque.

(Comment créer un formulaire d'inscription → lien n° 54.)

Par contre, mettre des formulaires partout sur votre blog ne suffit pas, vous aurez peu d'abonnés si vous ne donnez pas à vos lecteurs une raison valable de vous donner leur adresse e-mail. Vous pouvez offrir un cadeau en échange de leur inscription (par exemple un e-book ou une vidéo inédite), ou leur donner accès à du contenu exclusif pour qu'ils se sentent privilégiés.

Vous pourrez ainsi espérer obtenir en moyenne entre 1 et 10 abonnés pour 100 visiteurs.

Ce contenu offert doit être exceptionnel et :

- rester dans votre thématique ;
- répondre à un besoin précis ;
- être qualitatif, unique, plus travaillé qu'un article classique ;
- intéresser la grande majorité de vos lecteurs.

Par exemple, si vous tenez un blog de cuisine, il vaut mieux faire un recueil de vos meilleures recettes, que juste la recette de votre gratin de courgettes.

À vous de jouer

Réfléchissez au cadeau que vous pourriez offrir à vos lecteurs :

- Que recherchent la plupart de vos lecteurs sur votre blog ? Quelles réponses pourriez-vous leur apporter et qu'on ne trouve pas (facilement) ailleurs ?

____

____

____

- Quels médias utilisez-vous sur votre blog ? Utilisez un support existant pour votre cadeau : vos lecteurs vont vous suivre parce qu'ils aiment la façon dont vous présentez votre contenu.

  - [ ] Du texte
  - [ ] Des podcasts
  - [ ] Des vidéos
  - [ ] Des infographies

- Créez votre cadeau, dont le contenu doit être plus travaillé qu'un article, une vidéo ou un podcast classique. (Pour créer un e-book → lien n° 55).

Les solutions de gestion de newsletters permettent de programmer automatiquement l'envoi :

- dès qu'un nouvel article est publié ;
- selon la date d'inscription des abonnés (e-mails auto-répondeurs) : le cadeau de bienvenue pourra ainsi être envoyé, sans que l'on ait à intervenir ;
- en fonction de leurs préférences (par exemple lorsqu'ils cliquent sur un certain lien dans un mail) : ils recevront uniquement des messages qui les concerneront personnellement.

(Comment créer une newsletter → lien n° 56.)

Comment optimiser vos newsletters

Le taux d'ouverture et le taux de clic peuvent être améliorés de plusieurs manières, afin d'augmenter le nombre de visiteurs qui vont finalement aller lire votre blog. Vous devez tester chacun des éléments afin de voir ce qui correspond le mieux à votre cible. Les tests A/B (voir p. 170 et lien n° 57) sont la meilleure façon de vérifier quelle version est la plus performante.

- **Pour améliorer le taux de clic**, il faut améliorer à la fois le taux d'ouverture et le taux de réactivité.
- **Pour optimiser le taux d'ouverture** :
  - Choisissez le bon expéditeur : le nom de l'expéditeur de l'e-mail doit permettre à vos abonnés de savoir qui leur écrit. Mettez le nom de votre blog et pas uniquement votre prénom ou « newsletter ».
  - Envoyez le bon jour et à la bonne heure : vos lecteurs sont-ils plutôt enclins à lire leurs e-mails la semaine ou le week-end ? Plutôt le matin, le midi ou le soir ? Testez des jours et heures différentes.
  - Optimisez l'objet de l'e-mail : utilisez des verbes d'action, personnalisez avec le nom de votre abonné, faites court pour que l'objet soit visible en entier dans les messageries. Variez, testez, analysez les résultats.
  - Réfléchissez à la fréquence d'envoi : n'envoyez pas trop pour ne pas lasser, mais quand même régulièrement pour pas que vos lecteurs oublient qu'ils vous avaient donné leur adresse e-mail et vous considèrent comme un spam. Un envoi une fois par semaine semble un bon compromis, mais tout peut dépendre de votre thématique.

- Le **taux de réactivité** peut être amélioré de différentes manières.
  - Proposez un contenu qui réponde à un besoin et qui corresponde à l'objet du mail.
  - Adaptez le contenu à chaque abonné. Pour cela, vous pouvez segmenter votre liste d'abonnés en plusieurs catégories. Pour en savoir plus → lien n° 58.
  - Facilitez l'action : un gros bouton clair, visible et facilement cliquable vers votre blog vaut mieux qu'un lien texte. Renvoyez directement vers l'article en question et non pas sur la page d'accueil.
  - Rassurez vos abonnés avec des éléments comme vos coordonnées de contact et votre signature. De même, vous devez leur donner la possibilité de se désinscrire facilement.

À ces taux d'ouverture et de réactivité, s'ajoutent le taux de délivrabilité : tous vos e-mails ne vont pas arriver à destination, certains vont se retrouver dans les courriers indésirables (ou même ne jamais arriver du tout).

Le taux de délivrabilité peut être optimisé avec les moyens suivants.

- Facilitez la désinscription afin d'éviter que l'on vous signale comme spam : plus il y a aura de personnes qui vous signaleront, plus le serveur de messagerie va bloquer vos e-mails, même à ceux qui souhaitaient lire vos contenus.

- Faites un tri et arrêtez d'envoyer la newsletter à vos abonnés qui n'ont pas ouvert vos messages depuis au moins 6 mois, pour les mêmes raisons que précédemment. Vous augmenterez de plus votre taux d'ouverture de cette manière.

- Choisissez un logiciel de routage (envoi) ayant une bonne réputation et qui fait lui-même un tri des adresses blacklistées (certaines adresses e-mails sont connues comme étant des spams). Mailchimp, Aweber et GetResponse sont dignes de confiance.

- Dans l'objet de vos e-mails, ne mettez pas des mots assimilés à des arnaques, tels que « gratuit », « argent », « augmentez » (mot souvent utilisé pour augmenter la taille de quelque chose ^^).

Le marketing par e-mail est une activité à part entière. Il existe un plus grand nombre de variables pour lesquelles je ne suis pas entrée dans le détail ici (dossier complet sur les newsletters → lien n° 59).

À vous de jouer

- [ ] Créez une liste d'abonnés → lien n° 52.
- [ ] Mettez des formulaires d'inscription → lien n° 54.
- [ ] Créez un cadeau unique à offrir à vos abonnés → lien n° 55.
- [ ] Créez une trame pour le design de vos newsletters → lien n° 56.
- [ ] Envoyez des newsletters → lien n° 60.
- [ ] Testez et optimisez → lien n° 57.

Utilisez efficacement les réseaux sociaux

Très bon moyen de promouvoir vos articles, les réseaux sociaux sont le prolongement du blog et permettent de continuer la conversation, de créer une vraie communauté et de se faire connaître grâce à leur effet boule de neige. En effet, comme sur un blog, ils permettent aux internautes de participer et donner leur avis. C'est l'ère du web 2.0. dont la caractéristique est l'interactivité (partage, échange).

Sur quels réseaux être présent ?

En 2016, les réseaux sociaux les plus connus et les plus utilisés en France sont : Facebook, Twitter, Instagram, YouTube, Google+, Pinterest, Snapchat, LinkedIn. Rien ne sert de vouloir être présent sur tous : il vaut mieux en privilégier deux ou trois et communiquer régulièrement.

Le choix des réseaux sociaux que vous allez investir va se faire selon plusieurs critères.

- Le « pouvoir » de ce réseau social : Facebook semble être un incontournable, au vu du nombre d'utilisateurs. Vous toucherez vraisemblablement une bonne partie de votre lectorat en ayant une page Fan.

- Le type de publications que vous souhaitez partager avec vos lecteurs : plutôt des photos de votre quotidien (Instagram), de courtes réflexions (Twitter), des tutoriels en vidéo (YouTube) ... ?
- Les réseaux les plus utilisés par vos lecteurs types : par exemple, si votre blog parle de ressources humaines, il sera pertinent d'être sur LinkedIn.
- Votre attirance personnelle pour tel ou tel réseau : si vous avez du mal à vous montrer en vidéo, il sera difficile de faire des vlogs sur YouTube. Mais réfléchissez aussi aux vidéos que vous pouvez faire sans avoir forcément besoin de montrer votre visage.
- Le temps que vous avez à y consacrer :
  - poster des publications de 140 caractères, du texte sans limitation de mots, des photos ou des vidéos ne va pas nécessiter le même temps de préparation ;
  - selon le réseau social, on devra poster plusieurs fois par jour (Twitter, Snapchat), au moins une fois par jour (Facebook, Instagram) ou une fois par semaine (YouTube, LinkedIn) pour pouvoir avoir un réel impact sur ses abonnés.

(Comment choisir ses réseaux sociaux → lien n° 61.)

Pensez aux réseaux spécialisés

Ce sont en général à la fois des réseaux sociaux mais aussi des forums et des annuaires, il en existe sur la plupart des thématiques. En voici une liste non exhaustive, mais n'hésitez pas à faire vos propres recherches.

- **Cuisine** : http://youmiam.com/, http://www.foodreporter.fr/#, http://www.mycookdiary.com/fr/
- **Voyage** : http://www.libertrip.com/en, https://www.memotrips.com/, http://www.avygeo.fr/
- **Lecteurs et écrivains** : https://www.wattpad.com/, https://www.scribay.com/
- **Beauté** : http://www.sephora.fr/beautyboard/, https://www.beautycircle.com/ ...

...

- **Mode** : https://www.looktrend.com/, https://www.savethebrand.fr/,
- **Déco** : http://www.domozoom.com/, http://www.houzz.fr/,
- **Maman** : http://www.paroledemamans.com/, http://www.magicmaman.com/, http://www.babyzoom.com/, http://www.lesmamans.fr/
- **Geek** : https://www.gamazing.com/, http://www.fanaticgame.com/

Créez des profils sur les réseaux sociaux

Après avoir choisi les réseaux sociaux, créez un profil en remplissant en détail toutes les informations permettant de vous identifier :

- mettez le même nom que votre blog (et non pas un autre nom) pour que vos lecteurs puissent vous retrouver facilement ;
- mettez une photo de profil ou votre logo, ainsi que la photo de couverture le cas échéant ;
- remplissez la description en expliquant ce que l'on peut trouver sur votre blog et particulièrement sur ce réseau-là. N'hésitez pas à mettre un texte long et détaillé car cela va contribuer à bien référencer votre page de profil, aussi bien sur le média social en question, que sur Google ;
- donnez le lien vers votre blog.

(Comment créer et personnaliser votre page Facebook → lien n° 62.)

Remarque

Il est important de créer un profil sur tous les réseaux sociaux, même si vous ne souhaitez pas les utiliser, ainsi vous réserverez le nom avant que quelqu'un d'autre ne le prenne.

Mettez des liens vers vos réseaux sociaux

Sur votre blog, mettez en évidence la liste des réseaux sociaux sur lesquels vous avez un profil, et mettez un lien vers ceux-ci (→ lien n° 63). Vos lecteurs pourront ainsi s'abonner facilement.

Il existe des widgets qui vous permettent de mettre un extrait de votre actualité sur ces réseaux, directement sur votre blog.

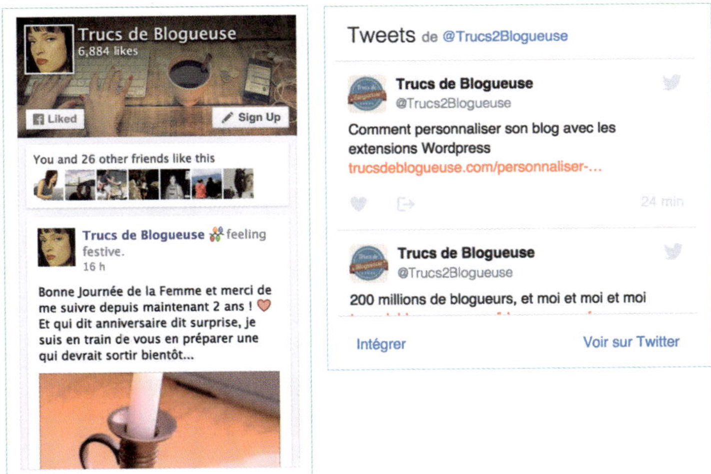

Widgets Facebook et Twitter du blog Trucs de Blogueuse.

Utilisez les boutons de partage

Lorsque vous mettrez un lien vers vos articles sur vos profils de réseaux sociaux, vos abonnés pourront partager votre publication, mais laissez-leur l'opportunité de partager d'eux-mêmes, dès la fin de leur lecture, en ajoutant des boutons de partage à la fin de chacun de vos articles (→ lien n° 64).

En début et fin d'article, boutons de partage sur Facebook, Twitter, Hellocoton, Google+, Pinterest, LinkedIn et par e-mail.

Vous pouvez inciter encore plus vos lecteurs au partage en intégrant des phrases impactantes au sein même de l'article : en un clic, ils peuvent twitter votre citation et mettre un lien vers votre article. Utilisez pour cela l'outil gratuit sur clicktotweet.com (→ lien n° 65). Il suffit d'écrire le message (avec le lien de l'article) que vous voulez que les gens partagent, puis de cliquer sur le bouton qui génère le lien personnalisé, et d'intégrer ce lien dans votre article, en modifiant si besoin le texte cliquable (l'ancre du lien)(→ lien n° 66).

Il n'y a plus un seul bout d'île qui n'ait été découvert sur cette Terre.

> Les pionniers d'aujourd'hui sont des défricheurs d'âme. Ils s'explorent eux-même.
> Twittez-moi ça les loulous !

Extrait d'un article écrit par Contentologue sur le blog Trucs de Blogueuse : citation twittable.

Partagez vos articles sur vos réseaux sociaux

Vos lecteurs s'abonnent avant tout sur vos réseaux sociaux pour être informés lorsque vous publiez un article, donc n'hésitez pas à partager les plus récents mais aussi les anciens articles qui peuvent les intéresser.

Selon le réseau, tous vos abonnés ne verront pas forcément toutes vos publications :

- sur Facebook, et récemment Instagram, un algorithme fait varier la diffusion et la visibilité ou non à vos fans selon leur comportement antérieur ;
- sur Twitter, si vos abonnés suivent un grand nombre de comptes, vos publications peuvent ne pas être vues parmi les autres, s'ils ne se connectent pas à la même heure que vous (à moins de remonter très loin dans leur fil d'actualité).

Vous pouvez donc partager plusieurs fois le même article, à condition d'espacer les publications dans le temps pour ne pas lasser ceux qui les verraient toutes.

Partagez sur les groupes de la même thématique

Si vos lecteurs likent, commentent ou partagent une de vos publications, vous pourrez vous faire connaître auprès de leurs amis. Vous pouvez également toucher directement les internautes passionnés par votre thématique sans avoir besoin d'intermédiaire, grâce aux groupes, notamment sur Facebook ou LinkedIn. Il en existe de toutes sortes et même très pointus : par exemple sur Facebook « cuisine antillaise revisitée », « idées déco avec de la récup », « photos de rue en Thaïlande », « DIY crochet »... Vous n'avez qu'à chercher dans le moteur de recherche de Facebook et sélectionner les groupes. Veillez juste à bien suivre les règles de chaque groupe, car tous ne permettent pas forcément le partage des articles.

Exemples de groupes Facebook pour la recherche « cuisine ».

Vous pouvez programmer la publication de vos articles sur plusieurs groupes Facebook grâce à l'outil SlackSocial (→ lien n° 67).

En général, essayez de participer aux conversations, aidez les autres participants, faites-vous connaître en tant qu'expert de votre domaine et non en spammant avec vos articles. Un lien vers un de vos articles qui a un rapport avec la discussion sera de toute façon plus cliqué, qu'un lien partagé sans raison.

Très souvent vous n'aurez même pas besoin de partager un lien vers votre blog : si les gens trouvent vos interventions intéressantes, ils cliqueront sur votre profil et chercheront à en savoir plus sur vous. Assurez-vous donc que le lien vers votre blog ou page Facebook est bien présent dans votre profil.

Automatiser ou pas ?

Il existe des outils qui permettent de partager automatiquement ses articles sur différents réseaux sociaux dès qu'ils sont publiés sur le blog.

Vous pouvez également programmer en avance des publications, ce qui vous permettra de personnaliser les messages (au lieu de juste partager les titres des articles).

Par exemple, Hootsuite (→ lien n° 68) est un outil gratuit avec une version payante qui vous permettra de gérer vos comptes Facebook, Twitter, YouTube, Instagram, Google+ et LinkedIn sur la même plate-forme.

L'automatisation des partages peut être très utile et faire gagner du temps, mais attention, le principal but des réseaux sociaux est de créer une relation de proximité avec vos lecteurs. Même si les publications sont faites sans votre intervention en temps réel, n'oubliez pas de répondre aux commentaires de vos abonnés.

Animez votre communauté

En termes d'animation, vous ne proposerez pas le même contenu ni la même fréquence de publication selon le réseau social choisi. Il y a une ligne éditoriale spécifique à chacun.

- Sur **Facebook**, vous partagez vos articles mais aussi ceux d'autres blogs de votre thématique qui pourraient intéresser vos lecteurs, vous publiez des photos et des vidéos, vous géolocalisez, vous écrivez des statuts et même des articles entiers avec les Instant Articles, vous faites des vidéos en direct avec Facebook Live. Le ton est assez proche des abonnés, vous pouvez souvent montrer les coulisses du blog et de votre vie quotidienne.
- Sur **Google+,** les partages d'articles sont assez similaires à Facebook, mais avec moins de fonctionnalités.
- Sur **Twitter**, le ton est plutôt informatif ou conversationnel. Vous pouvez y partager votre veille et votre état d'esprit pour discuter avec vos abonnés. C'est l'instantanéité qui prime.
- Sur **Instagram**, on y trouvait au début des photos des coulisses, puis les filtres ont fait évoluer les images qui sont de plus en plus qualitatives et professionnelles. Postez vos images d'inspiration et de jolies scènes.

- Sur **Pinterest**, on y épingle de belles images d'inspiration, par thématiques, dans ce qu'on appelle tableaux. Vous pouvez y épingler vos propres articles si vous les illustrez avec de belles photos, et y mettre toutes vos sources d'inspiration et votre veille.
- Sur **Snapchat**, on y poste des photos et des vidéos qui ne restent visibles que quelques secondes ou 24 heures pour le cas des « stories ». Ce réseau sert surtout à développer une relation de proximité avec vos abonnés, qui vont suivre de près le fil de vos journées.

Utilisez toutes les options disponibles de chaque réseau. Sur Facebook par exemple, vous avez la possibilité d'ajouter un bouton sous votre photo de couverture, qui envoie vers un lien donné : vous pouvez ainsi créer un bouton S'inscrire, et envoyer vos abonnés vers une page d'inscription à la newsletter sur votre blog. Vous pouvez aussi créer des publications qui contiennent un bouton afin d'inciter encore plus à cliquer, ou bien un quizz.

Utilisez les bons hashtags

Sur Twitter et Instagram, utilisez des hashtags (mots-dièses #) pour définir les sujets de discussion. Ainsi, toutes les personnes intéressées par ces thèmes-là pourront trouver vos publications, même si elles ne sont pas abonnées à votre page. Un hashtag bien choisi est la meilleure garantie de toucher son public. Sans cela, vos publications seront perdues dans le flot des millions d'autres.

Sur votre page d'accueil Twitter, vous pouvez voir en temps réel la liste des tendances du moment (selon votre localisation et vos abonnements) et qui sont souvent définies par des hashtags. Pour Instagram, on peut trouver la liste des hashtags les plus utilisés sur le site tagsforlikes (→ lien n° 69).

Variez les types de publications (→ lien n° 70) et voyez ce qui fonctionne, grâce aux statistiques données : nombre d'interactions (« J'aime », « J'adore », « Wouah », « Haha », « Triste », « Grrr »…), et au nombre de clics sur la publication… Faites des publications avec du texte (même sur Instagram et YouTube) qui décrit avec précision le contenu, car cela va améliorer leur

référencement naturel et leur taux d'engagement (les algorithmes voient le temps passé sur les publications).

Enfin, définissez un calendrier de publications, du même type que le calendrier éditorial pour le blog p. 73. Ainsi, vous aurez une vision globale de votre communication et pourrez préparer vos publications en avance.

Souvenez-vous de vos objectifs : si vous bloguez pour partager vos connaissances, rencontrer des personnes intéressées par les mêmes sujets que vous, aider les gens... vous n'avez pas forcément besoin d'envoyer du trafic vers votre blog : vous toucherez déjà ces personnes-là sur les réseaux sociaux.

Checklist

Utilisez les réseaux sociaux suivants selon vos objectifs et le type de médias que vous utilisez (→ lien n° 61).

- [ ] Facebook dans tous les cas.
- [ ] Twitter si vous avez un blog informatif.
- [ ] Instagram si vous postez des photos.
- [ ] YouTube si vous créez des vidéos (voir le livre *Youtubeur*, de Jean-Baptiste Viet, éditions Eyrolles).
- [ ] Pinterest si votre blog est dans une thématique créative et visuelle (mode, photo, voyages, déco, cuisine, DIY...).
- [ ] Snapchat.
- [ ] LinkedIn si votre thématique s'adresse à des professionnels.
- [ ] Autres réseaux spécialisés :

Remplissez les étapes suivantes

- [ ] Créez vos profils et remplissez les informations (→ lien n° 62).
- [ ] Mettez sur votre blog les liens vers vos profils de réseaux sociaux → lien n° 63.
- [ ] Ajoutez des boutons de partage sur chacun de vos articles → lien n° 64.
- [ ] Créez un calendrier éditorial pour chacun de vos réseaux sociaux (→ téléchargez un exemple de trame sur le lien n° 71).
- [ ] Animez et interagissez avec votre communauté → lien n° 72.

Utilisez un flux RSS

Un **flux RSS** *(Really Simple Syndicate)* est un fichier dont **le contenu se met à jour automatiquement** selon les mises à jour d'un site Internet. On y trouve en général les **derniers articles** avec le titre, un extrait et une image. Préférez les extraits et non pas le texte complet car cela générera du trafic vers votre blog et cela évitera de faire du *duplicate content* (voir p. 104).

Accessible depuis une adresse web (comme http://www.trucsdeblogueuse.com/feed pour mon blog), le contenu peut être lu dans une **messagerie mail, un navigateur web** ou un **lecteur de flux RSS** tel que Feedly.

Ainsi, lorsque l'on s'abonne au flux RSS de plusieurs sites, on peut retrouver au même endroit l'ensemble des derniers articles de tous les sites sans avoir à retourner sur chacun d'eux. On a ainsi une sorte de **fil d'actualité** comme on peut le voir sur Facebook ou Hellocoton.

Pourquoi ça augmente le trafic ?

Toujours dans l'optique d'être présent là où est le visiteur, le flux RSS de votre blog permet à ceux qui aiment consulter du contenu sur un lecteur de flux, de revenir régulièrement vous lire, et de ne pas rater les nouveaux articles.

Comment proposer un flux RSS pour son blog ?

La plupart des plates-formes de blogs proposent automatiquement un flux RSS. On le trouve en ajoutant un code à la suite de l'adresse de son blog. Par exemple :

- sur Wordpress.com : http://nomblog.wordpress.com/feed;
- sur Wordpress auto-hébergé : http://nomblog.com/feed;
- sur Blogger : http://nomblog.blogspot.com/feeds/posts/default?alt=rss ;
- sur Canalblog : http://identifiantdublog.canalblog.com/rss.xml;
- sur Overblog : http://exemple.overblog.com/rss.

Certains lecteurs RSS comme feedly.com retrouvent eux-mêmes l'adresse du flux RSS, juste avec l'URL du blog. Mais pour être sûr que vos lecteurs puissent retrouver votre flux, vous pouvez ajouter sur votre blog un bouton qui mène vers le lien ci-dessus. L'icône est reconnaissable avec son fond orange et est en général disposée à côté des boutons de réseaux sociaux.

Boutons vers les profils de réseaux sociaux et le flux RSS.

Icône de flux RSS.

À vous de jouer

- ☐ Trouvez l'adresse du flux RSS de votre blog, selon la plateforme de blog que vous utilisez :

Wordpress.com : http://__________.wordpress.com/feed

Wordpress auto-hébergé : http://__________.com/feed

Blogger : http://__________.blogspot.com/feeds/posts/default?alt=rss

Canalblog : http://__________.canalblog.com/rss.xml

Overblog : http://__________.overblog.com/rss

- ☐ Mettez un lien sur votre blog avec l'icône orange.

Faites de la curation de contenu

Les agrégateurs de contenu sont des sites qui permettent de regrouper au même endroit des articles de blog ou des sites qui nous intéressent afin de faire ce qu'on appelle de la curation de contenu. Ils permettent d'y organiser sa veille d'informations, souvent par thématique. On y indique le flux RSS des sites à suivre, et chaque nouveau contenu s'affiche sur le fil d'actualité.

Il existe plusieurs types d'agrégateurs de contenu.

- Des lecteurs de flux RSS tels que Feedly et Netvibes ; employés pour un usage personnel.
- Des sortes de réseaux sociaux où on peut s'abonner à des blogueurs et suivre leurs publications, lesquelles sont reprises automatiquement grâce au flux RSS de leurs blogs. Le plus connu d'entre eux est Hellocoton, mais il y a aussi Bloglovin, Inspilia et Dokuji. Ici, il est primordial de ne mettre que les extraits de vos articles dans le flux RSS (comme vu p. 104) sinon vos articles vont se retrouver dupliqués, ce qui est mauvais pour le référencement de votre blog (conseils pour bien utiliser Hellocoton → lien n° 73).
- Des listes de contenus par thématiques, qui peuvent être partagées : des internautes s'abonnent à des listes créées et alimentées par d'autres personnes. Ce n'est plus le flux RSS qui est utilisé ici. Le curateur ajoute des articles qu'il trouve intéressants, dans une des listes correspondant à la thématique, un peu comme on épingle une image sur un tableau Pinterest. Parmi ces agrégateurs de contenu, il y a Scoop.it (→ lien n° 74) et aussi Flipboard.com, Pearltrees.com, Paper.li ou Digg.com.

Pourquoi ça augmente le trafic ?

Avec les deux derniers types d'agrégateurs de contenu, vos articles seront partagés (automatiquement ou par d'autres personnes), ce qui rendra votre contenu plus visible.

Par exemple, créez sur Scoop.it (et Pinterest) une liste (un tableau) de recettes de quiches et une autre de recettes de gâteaux pour les fêtes. Dans chacune de ces listes (tableaux), ajoutez (épinglez) les articles de votre blog correspondant à ces thématiques, mais également renvoyant vers d'autres sites. Ainsi, une personne ayant les mêmes centres d'intérêt pourra profiter de votre curation et, par la même occasion, découvrir votre blog (→ lien n° 75).

Commentez d'autres blogs

REGARDEZ les commentaires que vous laissent vos lecteurs : la plupart tiennent eux-mêmes un blog, vous pouvez le voir en cliquant sur leur nom ou lorsqu'ils laissent directement, dans le corps du message, un lien vers leur blog. Le propriétaire du blog qui a reçu le commentaire va en général aller voir à quoi ressemble le blog du lecteur qui a commenté, pour découvrir son univers et comprendre quels types de lecteurs le lisent.

Si le commentaire est intéressant parce qu'il apporte un nouvel éclairage, des précisions au sujet de l'article, ou même un avis contraire, les lecteurs pourront avoir envie de voir le blog de celui qui a commenté pour en apprendre un peu plus.

Pourquoi ça augmente le trafic ?

Le fait de **commenter chez les autres** peut vous aider à vous faire connaître par le blogueur et ses lecteurs.

Sachez qu'en général les commentaires sont lus par les lecteurs, au même titre que l'article lui-même, car ils peuvent apporter beaucoup d'informations complémentaires. Par exemple, si l'internaute a une question à poser à l'auteur de l'article, il va d'abord vérifier si la question n'a pas déjà été posée (et si une réponse a été apportée).

Commentez uniquement des articles dont le sujet vous donne matière à commenter, pas juste pour pouvoir mettre un lien vers votre blog. Rien ne sert d'écrire juste « Super article » : cela fera plaisir à l'auteur de l'article (quoique, si vous mettez juste après le lien vers votre blog, il saura que vous aviez un autre but que de le remercier), mais cela ne lui donnera pas plus envie d'aller voir votre blog. D'ailleurs, il est assez mal vu de mettre un lien vers son blog dans le commentaire en lui-même, même si c'est pour signer son message. Mettre le lien dans le champ prévu à cet effet est suffisant, on pourra accéder à votre blog en cliquant sur votre nom.

Commencez tout de suite !

Je vous invite à venir me laisser un commentaire sur mon blog, via le lien n° 76 : donnez-moi le lien vers votre blog, je serais ravie de savoir que vous m'écrivez grâce à mon livre et de découvrir votre univers ! De plus, vous pourrez peut-être rencontrer d'autres blogueurs ayant la même thématique que vous.

Lorsque vous commentez, utilisez le nom avec lequel vous avez l'habitude de communiquer : cela peut être juste un prénom, un prénom + nom, ou un pseudonyme. Mais, dans tous les cas, ajoutez aussi le nom de votre blog, par exemple après un tiret ou entre parenthèses ou crochets. On pourra ainsi vous identifier rapidement et le nom de votre blog peut susciter la curiosité, surtout s'il est explicite et original.

Pensez également à définir une image de profil ou votre logo sur gravatar.com (→ lien n° 77). Ainsi, chaque fois que vous commenterez en renseignant votre adresse e-mail, la même photo s'affichera à côté de votre commentaire. Vous serez plus visible, votre commentaire se démarquera parmi ceux qui n'ont pas de photo, et on vous reconnaîtra d'un coup d'œil.

Enfin, même si mettre des commentaires chez d'autres blogueurs peut permettre de se faire connaître et d'ainsi augmenter le trafic de son blog, le mieux est tout de même de le faire avant tout pour communiquer avec l'auteur et créer une vraie relation. Créer et entretenir sa communauté, c'est comme dans toute relation et ça va dans les deux sens : intéressez-vous aux autres pour que les autres aient envie d'en savoir plus sur vous.

À vous de jouer

- ☐ Définissez une photo de profil liée à votre blog et correspondant à l'adresse e-mail avec laquelle vous allez commenter, sur le site gravatar.com (→ tutoriel sur le lien n° 78).
- ☐ Prenez le temps de commenter sur les blogs de votre thématique, mais aussi tous ceux qui vous intéressent.
- ☐ Donnez des informations, posez des questions, ou remerciez simplement le blogueur.

Partagez les blogs des autres

UNE des principales raisons qui poussent un blogueur à tenir un blog est de pouvoir partager : ses découvertes, ses coups de cœur, ses passions, ses connaissances... Dans ces découvertes et coups de cœur, il peut aussi y avoir d'autres blogs.

Pourquoi partager les blogs des autres ?

Comme on partage un livre ou un service, le fait de parler d'un autre blog ou d'un article de ce blog, permet d'apporter du contenu intéressant à ses lecteurs.

Il n'y a pas de risque à parler de blogs de la même thématique, vos lecteurs n'arrêteront pas de venir sur votre blog pour lire ceux des « concurrents » : personne ne lit qu'un seul et unique blog, surtout une personne passionnée. Au contraire, vos lecteurs apprécieront que vous leur fassiez découvrir d'autres contenus.

Que partager et comment ?

Vous pouvez partager un article s'il vous a plu, s'il vous a inspiré pour écrire le vôtre par exemple. Vous pouvez même parler de tout un blog si l'ensemble est digne d'intérêt et apporte une valeur ajoutée à vos lecteurs.

Pourquoi ça augmente le trafic ?

Lorsque vous citez d'autres blogueurs et que vous vous manifestez auprès d'eux, dans un premier temps ceux-ci vont vous remarquer et aller lire votre propre blog. Si votre article peut intéresser leurs lecteurs, ils n'hésiteront pas à le partager sur leurs réseaux sociaux ou leur newsletter. Si votre blog est de la même thématique, ils seront probablement intéressés par ce que vous proposez aussi, ce qui peut leur donner envie de vous rendre la pareille un jour et également parler de vous.

Le meilleur moyen de partager est d'écrire un article sur vos blogs favoris du moment, ou bien écrire sur un sujet en particulier et de citer le blogueur qui vous a inspiré. Par exemple, vous avez testé une recette de « one pot pasta », créé un nouveau modèle de crochet, donné votre avis sur *Star Wars* après avoir vu tel autre blogueur le faire sur son blog. Bien entendu, il ne s'agit pas ici de recopier ce qu'a fait l'autre blogueur, mais de s'en inspirer et le citer pour expliquer ses actions.

Enfin, utilisez les réseaux sociaux, votre newsletter ou des outils de curation. C'est d'ailleurs la méthode la plus rapide et la plus efficace, car elle permet de donner à ses lecteurs des informations fraîches (écrire un article prend beaucoup plus de temps).

Prévenir le blogueur

Avec les technologies existantes, le blogueur peut facilement être prévenu que vous avez l'avez mentionné.

- Sur son blog s'il utilise des outils de référencement naturel pour voir quels sont ses nouveaux liens entrants.
- Si vous mettez un lien vers un de ses articles sur votre blog, il recevra alors une notification appelée pingback qui s'affichera au même niveau que les commentaires, sous son article en question.

- Sur Facebook, Twitter ou Instagram, il est facile de mentionner le blogueur s'il a un compte sur ces réseaux.
- Vous pouvez aussi lui envoyer directement un mail ou un message à l'aide de son formulaire de contact, pour engager à coup sûr la conversation avec lui.

Attention, il ne faut surtout pas partager dans le but d'avoir un retour. Donner sans rien attendre, sans contrepartie, car si vous dites : « j'ai cité ton blog, est-ce que tu peux partager mon article, sinon je l'enlève », il y a fort à parier que vous n'entrerez pas dans ses petits papiers...

À vous de jouer

- [ ] Quels sont les autres blogs de votre thématique qui vous inspirent ?

____

____

____

- [ ] Abonnez-vous à un de ces blogs (par e-mail et sur les réseaux sociaux) puis partagez son contenu sur vos réseaux sociaux ou écrivez un article vantant les mérites de ce blog si vous pensez que cela peut intéresser vos lecteurs.
- [ ] Prévenez le blogueur que vous l'avez cité et engagez la conversation.

Écrivez des articles invités sur d'autres blogs

Écrire sur les blogs des autres est un des moyens les plus efficaces pour apporter du trafic sur son propre blog. En effet, c'est un très bon moyen de vous faire connaître, car vous montrez aux lecteurs du blog qui vous invite vos idées, votre façon d'écrire, et s'ils ont apprécié votre article, ils aimeront certainement le reste de votre blog également. Comme vous pouvez ajouter des **liens vers votre blog**, cela vous créera ainsi du trafic, et en plus cela contribuera au **référencement** de votre blog.

Celui qui invite a aussi un avantage à autoriser quelqu'un d'autre à écrire un article sur son blog, c'est d'avoir du **contenu à proposer à ses lecteurs sans avoir à le rédiger**. Cela crée du contenu qui change de ses articles habituels, ce qui apporte de la fraîcheur et de la nouveauté au blog. C'est donc une opération qui présente des avantages pour les deux blogueurs.

Quel genre d'article invité écrire ?

Il faut que l'article corresponde aussi bien à la **thématique** du blogueur qui diffuse, qu'à celle du blogueur qui rédige. En effet, le blogueur qui diffuse l'article veut **partager de l'information qui sera utile** à ses lecteurs, et celui qui le rédige veut avoir du **trafic qualifié**, c'est-à-dire des visiteurs qui seront intéressés par le sujet de son blog.

Rien ne sert d'écrire sur les voitures si sur votre blog vous parlez de cuisine ! Par contre, si vous avez un blog sur la cuisine, vous pouvez peut-être écrire un article sur un blog lifestyle ou déco, car la thématique se rapproche et cela peut intéresser les lecteurs du blog qui invite.

Quelques règles à respecter

Pour écrire sur un blog qui a à peu près le même thème que le vôtre, il y a certaines règles importantes à respecter.

- Il faut absolument que **l'article soit unique** : vous ne pouvez pas copier un article déjà existant de votre blog sur le blog qui invite, ou bien copier sur votre blog l'article que vous allez écrire pour l'autre blog, car ce sera du **contenu dupliqué** et Google va pénaliser votre référencement. Si vous voulez absolument présenter votre article sur votre blog, vous pouvez écrire juste les 3-4 premières lignes ou, encore mieux, un résumé, et mettre un lien « Lire la suite » vers l'autre blog, avec l'article en entier.

- L'article que vous écrivez doit être parfait : aussi bien en termes de **contenu intéressant** que sur la forme. Si votre article est bourré de fautes d'orthographe et que le blogueur qui invite doit perdre du temps à le relire et à le corriger, il ne l'acceptera pas. De plus, cela ne donnera pas envie aux lecteurs de le lire et d'aller découvrir votre blog. Il faut que l'article soit agréable à lire, aéré, avec des images, des paragraphes, etc. (voir p. 66).

À vous de jouer

- [ ] Listez tous les blogs de votre thématique avec un trafic équivalent ou plus élevé : trouvez les blogs similaires au vôtre ainsi que l'estimation de leur trafic à l'aide d'outils en ligne tels que SimilarWeb ou SEMRush qui possèdent chacun une version gratuite (→ lien n° 79) :

- [ ] Vérifiez sur ces blogs s'ils ont l'habitude de recevoir des articles invités.
- [ ] Réfléchissez à 1 ou 2 sujets d'articles qui pourraient les intéresser.
- [ ] Envoyez un message pour demander au(x) blogueurs concerné(s) s'ils seraient intéressés par la publication d'un de vos articles.

Participez aux forums de discussion

Même s'ils n'ont pas très bonne réputation, car on peut y trouver à boire et à manger, les forums de discussion sont encore très utilisés par des personnes qui ne trouvent pas de solutions à leurs problèmes, ou bien qui souhaitent tout simplement créer des liens avec des personnes qui sont touchées par le même sujet qu'eux.

Les forums ont du succès notamment parce qu'ils sont souvent bien référencés sur les moteurs de recherche : quand vous tapez sur Google « faire une note de musique sur Facebook », « symptômes d'une grossesse » ou encore « comment couper les griffes du chat », ce sont des forums qui se positionnent en premier.

Pourquoi ça augmente le trafic ?

Répondre à des questions posées sur les forums, en lien avec le sujet de votre blog, est une bonne façon de générer du trafic, car vous touchez directement des personnes déjà intéressées par votre thématique et qui recherchent des solutions à leurs problèmes.

Il y a tout de même des pratiques à respecter et chaque forum a ses propres règles. Si vous vous contentez de mettre des liens vers votre blog, il est très probable que vous vous fassiez bannir par les modérateurs du forum.

- Dans un premier temps, allez lire les conditions d'utilisation.
- Puis créez un compte, c'est obligatoire pour pouvoir participer.
- Remplissez votre profil, notamment votre description, et mettez le lien vers votre blog. Vous avez souvent la possibilité d'ajouter une signature, qui apparaîtra sous chacune de vos publications : mettez ici une accroche et un lien vers votre blog.

Le but d'un forum n'est pas d'aller y faire sa promotion, mais de participer en posant ses questions si besoin, et surtout d'apporter son aide en répondant aux questions des autres. D'ailleurs, on voit souvent affiché sous son profil, le nombre de messages déjà postés, ainsi qu'un statut qui détermine le « niveau » du profil (débutant, habitué, confirmé…). N'investissez les forums que si vous avez du temps, car il s'agit beaucoup d'entraide et de relationnel, et non pas de panneau publicitaire.

Voici les principales sortes de forums et quelques exemples :

- généraliste féminin (mode, beauté, maman, psycho, déco, cuisine, culture, voyage, mariage,…) : aufeminin.com ;
- high-tech : commentcamarche.net ;
- santé : doctissimo.com ;
- animaux : wamiz.com, ptitesbetesdunet.com ;
- beauté : beaute-test.com ;
- mode : carolinedaily.com/forum, forums.madmoizelle.com ;
- voitures : forum-auto.com, forum.autoplus.fr ;
- jeux vidéos : gameblog.fr/forum.

À vous de jouer

- ☐ Cherchez les forums de votre thématique en tapant « forum + thématique » (n'oubliez pas le signe +).

- ☐ Créez-vous un compte sur ces forums.
- ☐ Participez activement aux discussions.

Valérie, du blog C'est ma Fournée

480 000 visiteurs/mois, 900 000 pages téléchargées

Peux-tu décrire ton blog en quelques mots ?

C'est un blog culinaire dont le ton se veut très détendu, mais les recettes précises. Il y est fortement recommandé de venir papoter, discuter, échanger... Si je le pouvais, je servirais le café !

Pourquoi blogues-tu ?

Les raisons pour lesquelles je blogue aujourd'hui sont très différentes de mes motivations de départ. Ce sont mes proches, que j'inondais de photos, qui m'ont poussée à tout mettre sur la toile. Je trouvais intéressant de laisser une trace et de créer un recueil de recettes de famille. Plus je bloguais et plus j'aimais ça. Ma passion pour la pâtisserie a grandi et m'a poussée à tester de plus en plus de recettes. Le succès est arrivé sans que je m'y attende, sans l'avoir cherché surtout. L'interaction que j'ai aujourd'hui avec mes lecteurs, et – n'ayons pas peur des mots – l'amour qu'ils m'apportent, sont devenus un réel moteur. Chaque recette publiée est comme un rendez-vous. Mon blog est aujourd'hui devenu mon travail, pour mon plus grand plaisir.

L'originalité de ton blog : les recettes de grands chefs que tu rends accessibles. Comment t'es venue cette idée ?

Cela s'est fait naturellement, au fur et à mesure que je découvrais la cuisine. Je n'aime pas les recettes approximatives et je me suis rendu compte que les plus précises étaient celles des chefs. J'ai une immense admiration pour les grands noms de la cuisine – ce sont mes héros ! –, c'est donc un vrai plaisir de refaire leurs recettes. Mais mon blog propose aussi des recettes familiales très simples.

Tes lecteurs sont-ils des débutants ou des amateurs en cuisine ?

La majorité des messages que je reçois vient de personnes n'ayant jamais osé cuisiner, et qui sont aujourd'hui devenus accros ! C'est exactement ce que je souhaite : faire comprendre qu'aucune recette n'est inaccessible, et faire en sorte que n'importe qui, même celui qui s'en croyait incapable, puisse réussir des recettes de chefs. Il y a également des passionnés dans mes lecteurs, qui m'apportent beaucoup avec leurs commentaires instructifs.

Il y a beaucoup de commentaires pour chacune de tes recettes, tes lecteurs sont fans de toi, comment expliques-tu cela ?

C'est un mystère ! Peut-être parce que je réponds à leurs questions. Et puis je suis de nature extravertie, alors l'idée de transformer un peu mon blog en « forum » me correspond tout à fait. Cela crée une interaction : les lecteurs se répondent entre eux, des liens se créent. Je mets un point d'honneur à répondre aux messages et aux commentaires, même s'il est vrai que cela devient de plus en plus difficile.

Combien de temps mets-tu pour publier un article ? Et combien de temps consacres-tu à ton blog ?

Il faut plusieurs heures de travail pour un article. Il y a le temps de la recette, et tout ce qui suit, qui est très long, d'autant qu'il m'arrive de tout recommencer car la recette ou les photos ne me plaisent pas… Ensuite il y a tout le travail de post-traitement sur l'ordinateur (sélection, retouches…), et enfin la rédaction, qui peut prendre plusieurs jours pour une recette de pâtisserie un peu technique. Puis vient la relecture. Au total, 5 à 10 h de travail par article. J'essaie de publier une recette par semaine, mais je travaille sur mon blog quotidiennement : réponse aux questions et sollicitations que je reçois par e-mail et sur les réseaux sociaux, recherche de recettes, tests (il est très rare qu'une recette réussisse du premier coup), etc. Le plus difficile c'est de trouver l'inspiration pour écrire. Il m'arrive de taper la recette et d'attendre des jours avant de réussir à écrire le texte qui la présente. L'inspiration est capricieuse…

Selon toi, quelles sont les raisons de ton succès ?

J'explique tout à fond et je me donne beaucoup de mal pour que les gens réussissent. C'est très important pour moi. J'essaie d'anticiper toutes les questions que l'on peut se poser pendant que l'on réalise une recette. Je suis convaincue que la réussite réside dans les détails, qui sont malheureusement trop souvent négligés dans les livres. Quand j'explique, je me mets toujours dans la peau de celui qui n'a jamais cassé un œuf. Je ne vois pas l'intérêt de donner une recette en dix lignes : ce n'est pas seulement une liste d'ingrédients, c'est surtout une façon de faire ! J'accorde aussi une grande importance à l'esthétique : la qualité des photos est essentielle à la réussite d'un blog culinaire. On déguste d'abord avec les yeux…

Un conseil à donner aux blogueurs pour augmenter le trafic de leur blog ?

La seule chose que je peux dire, c'est qu'il faut être honnête, sincère et rester soi-même. Il faut garder sa personnalité, ne pas écrire en pensant à la façon dont cela sera perçu, ou à l'audience que l'on touchera. Si le blogueur prend du plaisir à partager son travail, si sa démarche est altruiste et sincère, cela transparaîtra.

Mesurez le trafic et optimisez

Suivez vos statistiques

PUISQUE vous souhaitez augmenter le trafic de votre blog, vous devez suivre certaines statistiques et vérifier que celles-ci évoluent comme vous voulez. Mais quels indicateurs suivre exactement ?

Et ensuite ? Si vous appliquez les techniques données dans ce livre pour amener des visiteurs sur votre blog, vous devez pouvoir utiliser ces chiffres afin de vérifier que vos actions sont efficaces : repérer ce qui fonctionne le mieux, suivre leur évolution, en tirer des conclusions et améliorer les résultats selon les objectifs que vous vous êtes fixés en amont.

Par exemple, si vous voyez qu'un faible pourcentage de vos visites provient des moteurs de recherche, vous saurez que vous pouvez augmenter le trafic en travaillant le SEO, comme vu p. 88. Si vous savez que le samedi, vous avez en général peu de trafic, vous allez éviter de publier vos articles ce jour-là. Ou encore si vous voyez qu'un de vos articles écrit il y a un mois a un pic de trafic alors que vous n'avez pas communiqué dessus, vous aurez envie de savoir quel blogueur a parlé de vous pour en savoir plus sur lui.

Vous pourrez aussi tester différentes options, comme le fait de placer un formulaire à gauche ou à droite, en bleu ou en rouge, avec une image ou pas, etc., et observer comment cela influence le nombre d'inscrits à votre newsletter.

Quel outil utiliser ?

La plupart des plates-formes gratuites de blogs ont un **outil de statistiques** intégré, avec quelques données comme le **nombre de visiteurs**, le **nombre de pages vues** et la **provenance** du trafic.

Mais un des outils les plus complets est **Google Analytics**, qui permet d'analyser en profondeur chaque donnée, de les croiser afin de déterminer pour chaque page du blog une information précise sur la navigation de vos lecteurs, et ce quel que soit le support utilisé (ordinateur, tablette, mobile et même hors ligne avec Universal Analytics, la version améliorée de Google Analytics).

Google Analytics est un outil gratuit fourni par Google. (Il existe une version Premium, utile surtout si vous avez besoin de formation et support.) Son interface est très bien faite, on voit d'un coup d'œil la courbe de trafic sur une période que l'on définit soi-même (on détermine la date de début et de fin à analyser). Ci-dessous mon trafic les 10 premiers jours du lancement de mon blog.

Vue Google Analytics du blog Trucs de Blogueuse :
nombre de visites journalières du 07/03/14 au 17/03/14.

Voici les infos-clés de mon blog du 7 au 17 mars 2014.

- Plus de **1 200 visites** dont **810 visiteurs uniques**, avec **67 % de nouveaux visiteurs**.
- **2 985 pages** ont été vues, ce qui fait environ **2,48 pages/visite** (Google le calcule automatiquement).
- La durée moyenne de visite de mon blog est de **3 min 56**.
- Une donnée que l'on n'a pas avec les outils statistiques intégrés aux plates-formes de blogs et qui est très importante, c'est le **taux de rebond**, soit le pourcentage de personnes qui quittent le site après n'avoir vu qu'une seule page. Le mien est de **54 %** c'est-à-dire qu'une personne sur deux ne voit qu'une seule page sur mon blog à chaque visite.

Ces chiffres sont des données de base, il en existe beaucoup d'autres. Nous allons voir comment analyser ses statistiques avec Google Analytics : quelles données sont disponibles, lesquelles regarder en priorité et, grâce à ces renseignements, comment optimiser ses pages. Car l'objectif est d'augmenter son trafic, attiser l'intérêt de ses lecteurs, et les faire revenir sur son blog.

Quels indicateurs suivre ?

Il y a des centaines de données différentes disponibles sur Google Analytics. Tous ces indicateurs ne sont pas forcément utiles pour un blog (c'est différent pour un site e-commerce par exemple), nous allons voir ici les plus importants. Analyser ces indicateurs va vous permettre de savoir sur quels leviers appuyer pour atteindre vos objectifs.

Voici les **indicateurs-clés de performance** (KPI, pour *Key Performance Indicators*) importants à suivre. En général, on suit ces chiffres sur un mois entier, pour les comparer au mois dernier ou au même mois de l'année précédente. Le plus important n'est pas le résultat en lui-même mais son évolution, calculée en pourcentage.

- Le **nombre de visites** (appelées **sessions** sur Google Analytics) : il faut suivre son évolution pour savoir si le trafic du blog avance dans le bon sens.
- Le nombre de **visiteurs uniques** (ou **utilisateurs**) : à différencier des visites, c'est le nombre de personnes différentes qui viennent sur votre blog, sachant qu'un visiteur unique peut faire plusieurs visites sur votre blog.
- Le nombre de **pages vues** : il s'agit du total de pages vues. Cette statistique est importante, car si vous monétisez votre blog avec de la publicité par exemple, plus vous aurez de pages vues, plus vous gagnerez de l'argent, surtout si le tarif est au CPM (coût par mille = gain pour 1 000 vues).
- Le nombre de **pages vues par visite** : cela montre que vos visiteurs sont vraiment intéressés et ont envie de lire plus qu'un article.
- La **durée moyenne de la visite** : montre aussi l'intérêt de vos visiteurs pour vos articles, mais tout dépend aussi de la longueur de vos articles.
- Les **pages les plus vues** : cela permet de voir quels sont les articles qui ont le plus de succès.
- Les **sources** : très importantes, pour voir d'où viennent vos visiteurs.
- Les **mots-clés** : quand le blog est référencé naturellement sur Google, ce sont les mots qui ont permis à vos visiteurs de tomber sur votre blog. Cela veut dire que vous êtes bien référencé sur ces mots-là.
- Le **taux de rebond** : comme vu plus haut, c'est le pourcentage de personnes qui sortent de votre blog après n'avoir lu qu'une seule page. C'est

un indicateur très important, car Google se sert de ce chiffre pour le SEO. Pour lui, si l'internaute est sorti de votre page sans en avoir vu une deuxième, c'est que cette première page ne correspond pas à ce qu'il a cherché.

- Le pourcentage de **nouvelles sessions** : il est important d'avoir aussi bien de nouveaux visiteurs (car on acquiert un nouveau public) que des visiteurs récurrents (car cela veut dire qu'ils ont été vraiment intéressés puisqu'ils reviennent).
- Les visites sur **mobile** et tablette : si on a un grand pourcentage de lecteurs qui sont sur mobile et tablette, il faut que le blog soit bien visible sur chacun des supports.
- Le flux de **comportement** : montre le parcours réalisé par les visiteurs sur le blog, c'est-à-dire quelles pages ils ont visitées et dans quel ordre.

Avec Google Analytics, on peut choisir la période à laquelle on souhaite regarder ces données, et on peut également choisir de regarder les chiffres par heure, jour, semaine ou mois. Observons, par exemple, les visites mensuelles de mon blog, de mars 2014 à février 2015 (sa première année de fonctionnement).

Vue Google Analytics du blog Trucs de Blogueuse : nombre de visites mensuelles du 01/03/2014 au 28/02/2015.

Je peux choisir de regarder les chiffres jour par jour : cela me montre que le samedi, j'ai moins de visiteurs.

Vue Google Analytics du blog Trucs de Blogueuse : nombre de visites journalières du 01/05/2015 au 31/05/2015.

Et lorsque je regarde les statistiques d'un jour donné, heure par heure, je vois que, pendant les heures de repas, vous êtes moins nombreux à lire mon blog.

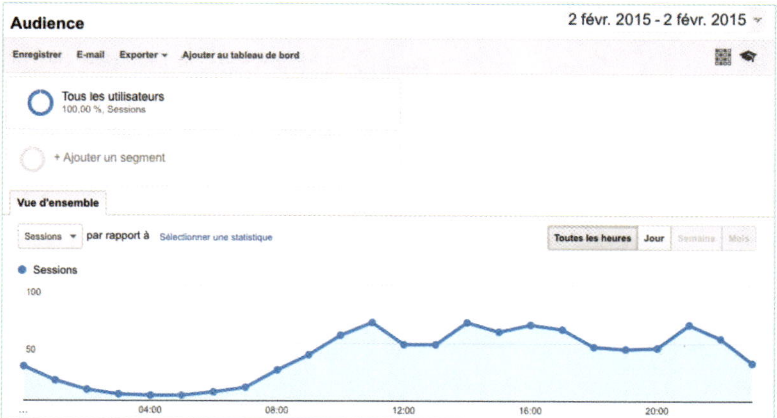

Vue Google Analytics du blog Trucs de Blogueuse : nombre de visites par heure le 02/02/2015.

D'autres indicateurs importants à suivre ne sont pas donnés par Google Analytics.

- Le nombre d'**inscrits** à la newsletter, et surtout le **pourcentage d'inscrits par rapport au nombre de visites**, le taux d'ouverture et le taux de clic de chaque e-mail envoyé. On obtient ces données grâce au logiciel utilisé pour gérer les newsletters (voir p. 121).
- Le **nombre d'abonnés** sur les réseaux sociaux, notamment l'évolution en pourcentage (par exemple +2 % cette semaine par rapport au nombre total d'abonnés), le nombre de vues et d'interactions pour chaque publication. Des statistiques sont données sur chacun des médias sociaux, mais les données les plus complètes sont fournies par Facebook.
- Les **ventes**, en nombre et en valeur (chiffre d'affaires), le panier moyen.

La qualité plutôt que la quantité

Rien ne sert d'avoir des milliers de visiteurs si personne ne commente, ne partage ou n'achète vos produits. D'autres chiffres doivent donc être suivis et analysés pour être optimisés.

- Le **taux d'engagement** sur les réseaux sociaux : il s'agit du pourcentage d'interactions comparées au nombre de personnes ayant vu la publication.
- Le **taux de conversion** : par exemple le nombre d'inscriptions, de contacts ou de ventes par rapport au nombre de visiteurs.

Si vous utilisez des techniques payantes d'acquisition de trafic (voir chapitre 7), je vous conseille de calculer le retour sur investissement (ROI pour *Return Of Investment*) : il s'agit des gains par rapport aux coûts engendrés. Le ROI doit être supérieur à 1, ce qui veut dire que les gains sont supérieurs aux investissements.

$$\textbf{ROI} = \frac{\textbf{gains en euros}}{\textbf{coûts en euros}}$$

Si vous investissez 50 € de publicité sur Facebook pour vendre vos créations qui vous rapportent 100 € de marge, votre ROI sera égal à 100/50 = 2. Le but est bien entendu d'avoir le ROI le plus élevé possible.

Un bon moyen de savoir ce qui ne va pas est aussi de demander directement à vos lecteurs : pour cela, regardez les commentaires qu'ils vous laissent (notamment en termes de contenu), ou bien réalisez un sondage et demandez-leur de vous aider à améliorer votre blog. Puisque vous voulez optimiser votre blog pour pouvoir proposer un meilleur contenu, un plus beau design, une ergonomie plus adaptée pour vos lecteurs, je parie qu'ils seront ravis de vous répondre et de participer à votre nouveau site.

Vous devez également prévenir vos visiteurs que des cookies peuvent être utilisés pour des statistiques et le fonctionnement du blog, et leur expliquer comment désactiver ces cookies, à l'aide d'un bandeau figurant en haut ou en bas de votre blog. C'est une obligation légale et vous risquez des poursuites judiciaires en cas de non-application.

À vous de jouer

- ☐ Suivez les statistiques de votre plate-forme de blog, ou pour avoir plus de détails, inscrivez-vous sur Google Analytics (→ lien n° 80).
- ☐ Ajoutez un bandeau de consentement de cookies sur votre blog (→ lien n° 81).
- ☐ Choisissez les indicateurs-clés que vous allez surveiller, selon vos objectifs pour votre blog (définis p. 13). Voici ci-dessous une liste non exhaustive.

KPI mensuels	Visites	Visiteurs uniques	Nombre de pages vues	Pages/sessions	Durée de visite	Sources de visite	% trafic venant du SEO	% du trafic venant des réseaux sociaux	Nombre d'inscriptions à la newsletter	% d'inscriptions	Nombre de fans Facebook	Taux de rebond	Taux de nouvelles visites	Pages les plus vues
Se faire connaître professionnellement, partenariats, monétisation	×	×	×	×	×	×	×	×	×	×	×	×	×	×
Partage, rencontres, échanges	×	×		×	×	×		×	×		×		×	×
Plaisir d'écrire, passe-temps	×	×												

Donnez-vous des objectifs

Qu'il s'agisse d'objectifs de trafic, de vente, d'acquisition de nouveaux lecteurs, d'abonnés ou bien d'une date limite pour lancer son blog, son produit ou publier un article, se donner des objectifs permet de ne pas se laisser aller et seulement compter sur le hasard.

Quels objectifs se donner ?

Choisissez des objectifs chiffrés selon les objectifs définis pour votre blog au début du livre (p. 13). Les objectifs doivent être ambitieux mais réalistes et sur une période donnée :

- ambitieux, car si vous attendez uniquement 100 visites par mois, ce n'est pas vraiment un challenge, donc cela ne va pas vous pousser à mettre en place des choses pour aller plus haut ;
- réalistes, car rien ne sert de vous donner comme objectif 1 million de visites par mois dès le lancement de votre blog ;
- sur une période donnée : il faut définir une date à laquelle vérifier si vous avez atteint votre objectif ou pas. La fin du mois est idéale et vous pouvez ainsi comparer avec la période précédente (le mois précédent ou l'année précédente).

Il s'agit ainsi de se donner régulièrement des objectifs en légère hausse. Le premier mois, par exemple le mois de juillet, cela peut être :

- 1 000 visiteurs uniques par mois (32 visites par jour environ) ;
- 1 200 visites par mois, ce qui veut dire qu'au moins 20 % des visiteurs sont revenus une deuxième fois sur votre blog ;
- 2 400 vues par mois, soit 2 pages par visite en moyenne ;
- 20 inscrits à la newsletter soit 2 % d'inscription par rapport au nombre de visiteurs uniques ;
- 50 abonnés sur la page Facebook.

Pour le mois d'août, vous allez essayer d'augmenter de 10 % les résultats du mois précédent et ajouter de nouveaux objectifs :

- 1 100 visiteurs uniques ;

- 1 320 visites ;
- 2 904 vues pour 2,2 pages/visite ;
- 24 inscrits supplémentaires à la newsletter et zéro désinscription ;
- 70 abonnés sur Facebook ;
- 50 abonnés sur Instagram.

Remarque : j'ai comparé juillet et août pour avoir le même nombre de jours par mois. Pour les autres mois, ramenez les chiffres à la journée.

Grâce aux résultats du premier mois, vous pouvez définir des objectifs pour le mois suivant pour les autres indicateurs :

- si la durée de visite était de 2 min, donnez-vous 2 min 10 d'objectif ;
- les sources : la part de trafic venant du référencement naturel sera faible voire nulle au lancement de votre blog, mais surveillez régulièrement son évolution pour voir si vos actions sont efficaces. Si vous constatez que le trafic venant de Facebook est important, vous aurez peut-être intérêt à travailler ce réseau, et vous donner un objectif de trafic provenant de cette source plus élevé que le mois précédent.

Mettez en corrélation vos résultats par rapport à vos actions : si vous publiez 2 fois par semaine en juillet puis 1 seule fois par semaine en août, vous aurez sûrement moins de trafic, à moins que vous n'ayez mis les bouchées doubles à l'aide des autres moyens de communication (notamment avec un article invité, un partage par un blogueur très suivi ou de la publicité payante qui apportent un gros pic de trafic d'un coup).

Avec Google Analytics, vous pourrez comparer facilement les 2 mois en sélectionnant les dates et en cochant « Comparer à ». Vous aurez également l'évolution des indicateurs-clés : sur le schéma page suivante, on voit que j'ai eu +70,06 % de visites entre juillet et août 2014, +60,51 % de visiteurs uniques et +76,58 % de pages vues.

Il est possible de suivre des chiffres sur Google Analytics même s'ils ne font pas partie des données proposées, comme le nombre d'inscrits à la newsletter. Cette donnée vous est normalement fournie par l'outil que vous utilisez pour gérer votre liste d'e-mails. Mais si vous avez une page de confirmation d'inscription qui s'affiche uniquement lorsqu'un de vos

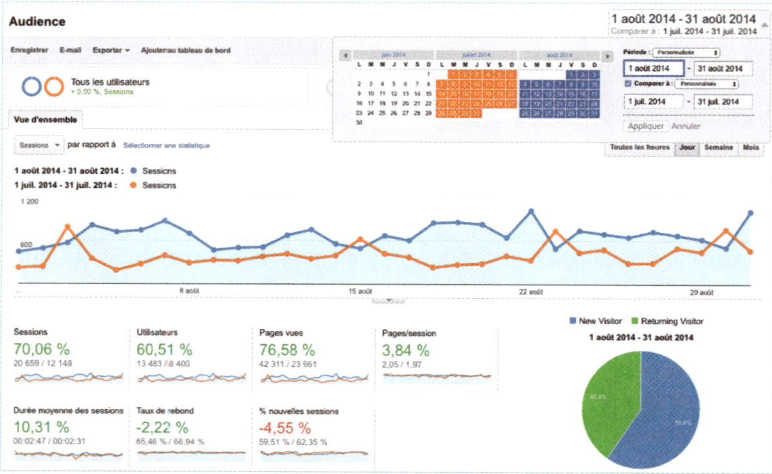

Vue Google Analytics du blog Trucs de Blogueuse :
nombre de visites journalières en juillet et août 2014.

lecteurs s'abonne, vous pouvez surveiller le nombre de vues de cette page. Il en est de même pour une demande de contact via un formulaire ou une vente par exemple, du moment qu'une page ne s'affiche que lorsqu'une condition est remplie. Cela est intéressant surtout pour voir le taux de conversion directement sur un graphique Google Analytics sans avoir à le calculer. Il faut pour cela créer ce qu'on appelle des « objectifs » sur Google Analytics (→ lien n° 82).

Ainsi, on pourra suivre sur un graphique des données non natives :

- le nombre d'inscrits par jour (et même par semaine et par mois si on veut) ;

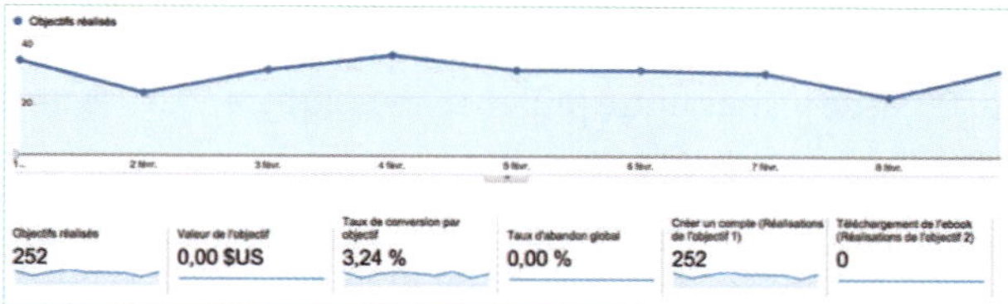

Vue Google Analytics pour le blog Trucs de Blogueuse :
nombre d'inscrits à la newsletter chaque jour du 01 au 09/02/2015.

- l'évolution de ce nombre d'inscrits par rapport à la période précédente ;

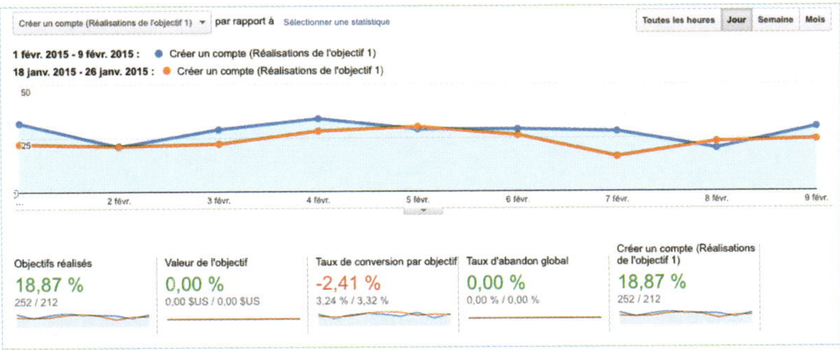

Vue Google Analytics pour le blog Trucs de Blogueuse : nombre d'inscrits à la newsletter chaque jour du 1er au 9 février 2015 par rapport à la période du 18 au 26/01/2015.

- et le taux d'inscription (le nombre d'inscrits par rapport au nombre de visites) ;

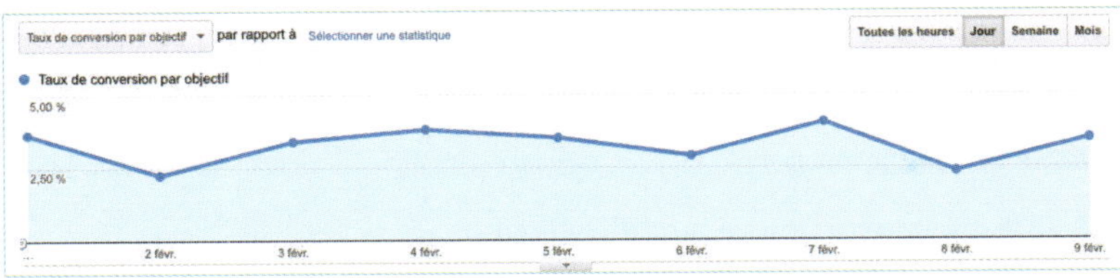

Vue Google Analytics pour le blog Trucs de Blogueuse : taux d'inscription à la newsletter chaque jour du 01 au 09/02/2015.

et cela, sans calculette, sans calcul mental ni tableau Excel !

Le fait de mettre le nombre d'inscrits en « objectifs » dans Google Analytics permet de le coupler à d'autres statistiques encore plus intéressantes (oui, il faut aimer les chiffres !).

Source/Support	Acquisition : Sessions	% nouvelles sessions	Nouveaux utilisateurs	Comportement : Taux de rebond	Pages/session	Durée moyenne des sessions	Conversions (Objectif 1 : Créer un compte) : Créer un compte (Taux de conversion – Objectif 1)	Créer un compte (Réalisations de l'objectif 1)
Spams langage	7 786 % du total : 100,00 % (7 786)	66,48 % Valeur moy. pour la vue : 66,48 % (0,00 %)	5 176 % du total : 100,00 % (5 176)	64,27 % Valeur moy. pour la vue : 64,27 % (0,00 %)	1,86 Valeur moy. pour la vue : 1,86 (0,00 %)	00:02:40 Valeur moy. pour la vue : 00:02:40 (0,00 %)	3,24 % Valeur moy. pour la vue : 3,24 % (0,00 %)	252 % du total : 100,00 % (252)
1. google / organic	5 078 (65,22 %)	77,00 %	3 910 (75,54 %)	64,61 %	1,82	00:02:23	2,93 %	149 (59,13 %)
2. (direct) / (none)	644 (8,27 %)	68,32 %	440 (8,50 %)	63,35 %	1,93	00:02:33	3,11 %	20 (7,94 %)
3. wysija / email	540 (6,94 %)	28,52 %	154 (2,98 %)	57,22 %	2,17	00:03:36	3,89 %	21 (8,33 %)
4. hellocoton.fr / referral	502 (6,48 %)	46,81 %	235 (4,54 %)	63,55 %	1,90	00:03:24	4,38 %	22 (8,73 %)
5. ReviveOldPost / social	499 (6,41 %)	28,06 %	140 (2,70 %)	71,94 %	1,69	00:02:27	2,81 %	14 (5,56 %)
6. facebook.com / referral	65 (0,83 %)	38,46 %	25 (0,48 %)	73,85 %	1,51	00:00:57	4,62 %	3 (1,19 %)
7. t.co / referral	46 (0,59 %)	36,96 %	17 (0,33 %)	65,22 %	1,96	00:01:46	2,17 %	1 (0,40 %)
8. google.fr / referral	43 (0,55 %)	86,05 %	37 (0,71 %)	39,53 %	2,28	00:02:08	4,65 %	2 (0,79 %)
9. m.facebook.com / referral	37 (0,48 %)	75,68 %	28 (0,54 %)	81,08 %	1,49	00:00:53	2,70 %	1 (0,40 %)
10. l.facebook.com / referral	36 (0,46 %)	69,44 %	25 (0,48 %)	55,56 %	2,26	00:03:21	8,33 %	3 (1,19 %)

Tableau Google Analytics pour le blog Trucs de Blogueuse : nombre d'inscrits à la newsletter (colonne « Créer un compte ») par rapport aux différentes sources de trafic (colonne « Source/Support ») du 01 au 09/02/2015.

Je peux par exemple voir que :

- 59,13 % de mes inscriptions (appellées « Créer un compte » dans le graphique) proviennent de visites venant de Google ;
- 7,94 % par l'accès direct à mon blog ;
- 8,33 % par les e-mails (soit des personnes déjà inscrites se réinscrivent avec une autre adresse mail, soit elles transfèrent les newsletters à des amis qui s'inscrivent) ;
- 8,73 % s'inscrivent en venant d'Hellocoton.

Encore plus important, même si la grande majorité des inscriptions vient de Google, je peux voir que :

- les visites venant de Facebook sont **beaucoup plus qualitatives** et **transforment beaucoup plus**, notamment celles qui font suite à un lien que j'ai publié : 8,33 % de ces visites ont généré des inscriptions ;
- 4,38% des visites provenant d'Hellocoton génèrent une inscription ;
- alors que le taux est seulement de 2,93 % pour les visites venant de Google.

On peut même faire de beaux **graphiques** directement dans Google Analytics ! Ci-contre, j'ai comparé les objectifs par trafic de recherche, sites référents et accès directs.

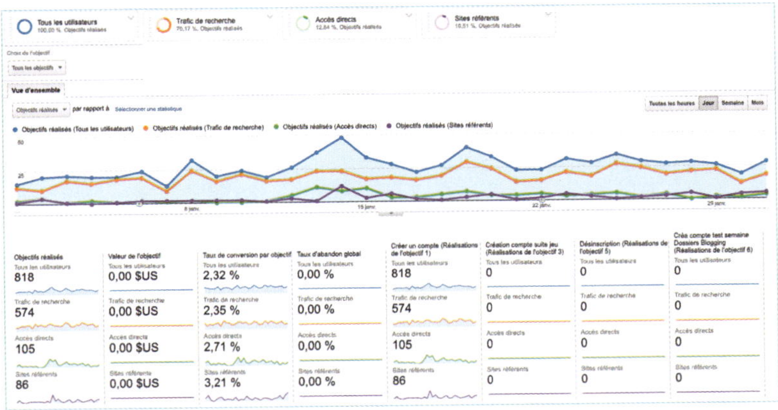

Vues Google Analytics pour le blog Trucs de Blogueuse : nombre d'inscrits à la newsletter par type de sources de trafic, chaque jour du 01 au 09/02/2015.

Quel type d'objectifs Google Analytics peut-on ajouter ? Je vous ai donné l'exemple que j'utilise, à savoir le **nombre d'inscrits à la newsletter de mon blog**, mais il y a d'autres objectifs que l'on peut ajouter et suivre sur Google Analytics (les possibilités sont infinies, tout dépend de votre imagination), par exemple :

- le nombre de désinscriptions ;
- le nombre de ventes ;
- le chiffre d'affaires, plus précisément le chiffre d'affaires avec panier moyen ;
- le nombre de vues sur une page particulière ;
- le nombre de sessions de plus de 2 minutes (ou de la durée souhaitée) ;
- le nombre de sessions avec plus de 3 pages lues (ou avec le nombre de pages que l'on veut) ;
- le nombre de fois où une vidéo est vue ;
- le nombre de fois où un lecteur clique sur un de vos réseaux sociaux ;
- le nombre de fois où un lecteur clique sur un lien en général.

À vous de jouer

- ☐ Téléchargez le tableau Excel (→ lien n° 83).
- ☐ Inscrivez les indicateurs à suivre, choisis à l'étape précédente.
- ☐ Remplissez vos résultats pour les 2 mois qui viennent de s'écouler.
- ☐ Calculez l'évolution entre les 2 derniers mois.
- ☐ Définissez vos objectifs (avec un pourcentage d'augmentation selon les résultats précédents) pour les mois suivants.
- ☐ Notez vos résultats ainsi que leur évolution.

Mois	Janvier			Février		
	Objectifs	Réalisés	Évolution vs décembre	Objectifs	Réalisés	Évolution vs janvier
Visites						
Visiteurs uniques						
Pages vues						
Pages/sessions						
Durée de visite						
% trafic venant du SEO						
% du trafic venant des réseaux sociaux						
Nombre d'inscriptions à la newsletter						
% d'inscriptions						
Nombre de fans Facebook						
...						

Analysez vos résultats et adaptez votre plan d'action

MAINTENANT qu'on a déterminé les statistiques à suivre, comment se servir de ces données pour optimiser son trafic ? Selon les indicateurs, on peut les interpréter et définir des optimisations possibles.

- Le **nombre de visites** est à lier aux actions que vous avez menées sur le blog : vous verrez sûrement un pic de visites les jours où vous publiez un nouvel article, si vous le partagez sur vos différents supports de communication (réseaux sociaux, newsletter...). C'est donc une action facilement reproductible. Si vous n'avez rien fait de particulier, regardez les sources de visite pour voir d'où vient le trafic.
- Les **sources de visite** : voyez si vos visites proviennent surtout du SEO, des réseaux sociaux... Vous pouvez continuer à travailler votre présence sur ces médias si une grosse partie du trafic vient de ceux-ci, ou a contrario faire plus d'efforts d'animation si peu de visites proviennent de ces sites. Est-ce qu'un blog a mis un lien vers un de vos articles ? Dans ce dernier cas, vous pouvez essayer de contacter le blogueur qui vous a cité et nouer une relation avec lui.
- Les **pages les plus vues** permettent de savoir quel article a fonctionné : rédigez des articles du même type, et servez-vous de ces anciens articles pour attirer de nouveaux visiteurs, par exemple en les retwittant ou avec une publication Facebook. Revoir sa ligne éditoriale peut être un moyen de booster le trafic de son blog, selon les résultats de certains types d'articles.
- Le **nombre de commentaires** par article : essayez de développer l'engagement de vos lecteurs avec les techniques vues p. 116.
- Les **commentaires** eux-mêmes : selon le retour de vos lecteurs, adaptez-vous à leurs demandes (en termes de contenu, de design, de fonctionnalités...).
- Le **nombre de pages vues par visite**, la **durée moyenne de visite** et le **taux de rebond** montrent l'intérêt du blog mais aussi la facilité pour naviguer à l'intérieur et lire d'autres articles : pour les améliorer, vous pouvez inciter à lire d'autres pages en mettant des liens vers d'autres articles, soit à l'intérieur de l'article en lui-même, soit en ajoutant un module « Vous aimerez aussi les articles suivants », soit grâce à une

navigation avec un menu, etc. Pour la durée de visite, la longueur des articles va également jouer un rôle.

- Les **mots-clés ayant généré du trafic** peuvent indiquer les sujets les plus recherchés et sur lesquels vous êtes bien positionnés. Si la requête ne correspond pas exactement à l'article auquel elle mène, vous pouvez écrire un article qui répond à la demande. Par exemple, quelqu'un qui recherchait « comment cuire un œuf mollet » est tombé sur votre article qui parle des différents types de cuisson de l'œuf mais où vous ne détailliez pas le mode opératoire.
- Les **nouvelles visites** : si vous souhaitez accorder de l'importance à la fidélisation de vos lecteurs, veillez à ce que la part de nouvelles visites ne soit pas trop importante. Vous pouvez mettre en avant l'inscription à la newsletter et à vos réseaux sociaux pour faire revenir vos lecteurs plus facilement.
- Les **visites sur mobile** et **tablette** : vous pouvez améliorer le pourcentage de visites sur mobile en proposant une version mobile ou responsive.
- Le **flux de comportement** : en voyant à quelles pages vos visiteurs quittent votre blog, vous pouvez améliorer celles-ci en ajoutant un appel à l'action (pour les inciter à rester) ou au contraire en en supprimant (si vous mettiez des liens vers vos profils de réseaux sociaux par exemple et qu'il ne s'agissait pas de votre objectif premier).
- Le nombre d'**inscrits à la newsletter et aux réseaux sociaux** (ou plutôt leur pourcentage par rapport au nombre de visites), ainsi que le taux de désinscription : changez l'emplacement des formulaires d'inscription, leur design, le cadeau offert... (voir p. 120 et 126).

Il est intéressant de surveiller ses statistiques régulièrement :

- **plusieurs fois par semaine voire tous les jours** pour observer le trafic et les ventes par exemple ;
- **une fois par mois** en faisant une analyse approfondie : regardez quelles pages ont le plus fonctionné, comment a évolué le taux de rebond, quelles sont les sources de trafic les plus importantes, etc. ;
- **une fois tous les 6 mois ou une fois par an** : faites des tests A/B pour optimiser les pages (voir p. 170).

Par exemple, si on se donne l'objectif de 10 000 visites pour le mois de juillet, et qu'on ne regarde les résultats que le 1er août, s'ils sont décevants, on se dira

« oh quel dommage »… On est alors spectateur et non acteur de la performance de son blog. Un leitmotiv souvent utilisé dans le monde du Web est : « Test and learn » ! Avec Internet, on peut voir les résultats en temps réel, donc autant s'en servir pour adapter nos actions instantanément.

Si vous suivez un calendrier éditorial pour la publication de vos articles (voir p. 73) et pour vos réseaux sociaux, vous pouvez le faire évoluer selon vos résultats et vos objectifs : par exemple, si vous voyez au 30 juillet qu'il vous manque 200 visites pour atteindre les 10 000 visites mensuelles, et que la publication d'un article vous amène plus de 200 visites, vous pouvez décider de publier l'article initialement prévu pour le 1er août le 31 juillet ; ou bien multiplier les publications sur vos réseaux sociaux, envoyer une newsletter ce jour-là, etc.

À vous de jouer

- ☐ Notez les actions que vous avez effectuées chaque mois, dans le tableau ci-dessous.
- ☐ Comparez au tableau précédent contenant vos résultats chiffrés.
- ☐ Vérifiez les actions, le type d'article et le type de partage qui ont généré le plus de trafic.
- ☐ Ajustez vos futures actions en fonction des résultats et de vos objectifs.

Mois	Janvier	Février	Mars	Avril
Actions				
Nombre d'articles publiés				
Nombre de partages sur Facebook				
Nombre de newsletters envoyées				
Nouvelles sources de trafic				
Article le plus lu				
Article le plus commenté				

Testez et améliorez

Il ne suffit pas de regarder ses statistiques pour savoir ce qu'il faut changer et avoir de meilleurs résultats.

Ce n'est pas parce que vous aviez eu 100 visites grâce à une publication Facebook que vous obtiendrez le même résultat lors du prochain post. Ce n'est pas parce qu'en envoyant une newsletter vous aviez réussi à avoir 100 visiteurs que vous aurez le même trafic à l'envoi suivant.

Les résultats peuvent diverger et vous devez tester le jour et l'heure d'envoi, le type de partage (photo, vidéo, statut...), le texte d'introduction du post Facebook ou l'objet du mail et son contenu, pour pouvoir reproduire les mêmes performances.

Il est difficile de tirer des conclusions parce qu'il faudrait pouvoir tester dans les mêmes conditions pour savoir ce qui fonctionne le mieux. Or, plusieurs variables peuvent changer d'un jour à l'autre, auxquelles on ne pense pas forcément : la publication Facebook va peut-être être moins vue la deuxième fois parce que ce sont les vacances scolaires ou parce qu'il fait beau et que les internautes ne sont pas connectés.

La meilleure façon de tester est de faire de l'A/B testing. Cette technique consiste à diviser le trafic en deux : au même moment, une moitié verra une version A d'une page ou d'une newsletter et la deuxième moitié verra la version B, sans savoir que l'une ou l'autre version existe. Ainsi, toutes les autres variables seront identiques, car les deux parties verront l'objet du test en même temps. Il suffira ensuite de choisir la version qui a eu le plus de succès.

Certains outils comme Google Analytics proposent les tests A/B dédiés aux sites (→ lien n° 84), tandis que d'autres comme GetResponse sont dédiés aux newsletters (→ lien n° 57).

Apprenez

Le meilleur moyen de s'améliorer est de garder l'esprit ouvert, aussi bien par rapport aux retours faits par les lecteurs et leur comportement sur le blog qu'en regardant autour de soi.

- Restez **au courant de l'actualité** de votre domaine : non seulement cela vous donnera de l'inspiration pour vos publications, mais en plus on vous identifiera comme une référence si vous donnez régulièrement des informations pertinentes (si possible avant tout le monde) à vos lecteurs.
- **Rencontrez** des gens qui font la même chose que vous, que ce soit d'autres blogueurs ou des spécialistes, lors d'événements tels que les salons.
- **Formez-vous** :
  - dans votre secteur (par exemple, prenez des cours de cuisine si vous tenez un blog culinaire) ;
  - dans l'informatique et le webmarketing : mettre des liens html, modifier le design avec du code CSS, maîtriser les pratiques du community management, connaître les rouages du référencement naturel, sont des compétences qui vous permettront d'améliorer votre blog et de proposer le meilleur pour vos lecteurs.

Passez à la vitesse supérieure

Choisissez votre plate-forme de blog

Les conseils donnés ici relèvent en général plus de la réflexion, de la communication et de la stratégie que de la technique ; donc vous pourrez en appliquer une grande partie quelle que soit la plate-forme que vous utilisiez.

Concernant les optimisations techniques, la plupart des mises en application que je vous ai proposées concernent les plates-formes Wordpress (la version auto-hébergée, même si celle sur Wordpress.com peut avoir des similitudes), Blogger et Canalblog. Vous avez peut-être remarqué également que c'est surtout avec Wordpress auto-hébergé que l'on peut vraiment personnaliser les paramétrages et les fonctionnalités.

En effet, contrairement aux plates-formes de blogs gratuites, Wordpress est un logiciel (à télécharger sur le site Wordpress.org) que l'on installe sur son propre nom de domaine et hébergement. D'ailleurs, la plate-forme Wordpress.com utilise ce logiciel-là et propose d'héberger des blogs en sous-domaines.

Les avantages d'un blog Wordpress auto-hébergé sont les suivants.

- Vous pouvez faire vraiment tout ce que vous voulez sur votre blog (design de votre choix, fonctionnalités, boutons, menu, optimisations SEO…) mais également en dehors (design, contenu et ciblage de vos newsletters, etc.).
- Vous ne dépendez pas d'une plate-forme, qui peut changer ses conditions ou même fermer du jour au lendemain.
- Ce n'est pas si cher que ça : environ 45 € par an pour avoir à la fois le nom de domaine personnalisé et l'hébergement du blog.
- C'est indispensable si vous souhaitez augmenter le trafic de votre blog : il faut en effet pouvoir accéder au code du site pour, par exemple, utiliser Google Analytics, personnaliser sa page 404, retirer ponctuellement le module des commentaires pour privilégier l'inscription à la newsletter…

L'inconvénient est que c'est un peu plus technique et on peut faire « planter » son blog si on fait une mauvaise manipulation.

Il est également possible de personnaliser son blog avec Blogger, mais il faut mettre les mains dans le cambouis et savoir coder en html. Wordpress permet aussi d'accéder au code, mais il propose une multitude d'extensions à installer selon les fonctionnalités recherchées : pas besoin de connaître le langage informatique pour personnaliser son blog. Ainsi par exemple, les optimisations SEO sont beaucoup plus simples à réaliser avec Wordpress qu'avec Blogger.

Lorsque vous vous demandez quelle plate-forme choisir, il faut commencer par vous interroger sur vos objectifs.

- Vous avez un blog loisir : utilisez Blogger.
- Vous souhaitez avoir un blog personnalisé mais vous ne voulez pas forcément le monétiser (donc, mettre peu de budget) : utilisez Blogger et reliez-le à un nom de domaine personnalisé à environ 10 €/an (voir p. 35).
- Vous voulez avoir un blog personnalisé, pouvoir optimiser son référencement, faire des partenariats et gagner de l'argent : utilisez Wordpress auto-hébergé.

À vous de jouer

- Vous n'avez pas encore de blog : créez-le sur Blogger (→ lien n° 85) ou Wordpress (→ lien n° 86).
- Vous avez déjà un blog sur une plate-forme de type Blogger, Wordpress.com ou Canalblog, et vous souhaitez passer à Wordpress auto-hébergé : migrez tout le contenu (articles, images, commentaires) (→ lien n° 87).

Automatisez votre blog

L'AUTOMATISATION consiste à générer des tâches consécutives à certaines actions prédéfinies, grâce à des programmes que l'on a paramétrés. Cette technique a pris beaucoup d'ampleur ces dernières années et a même un nom : l'**automation marketing**.

Le fait d'automatiser son blog a plusieurs avantages.

- On peut assurer une **présence** régulière sur son blog et les réseaux sociaux. On peut ainsi continuer à mettre en ligne de nouveaux articles même si on est en vacances par exemple, ce qui est avantageux pour continuer à fidéliser ses lecteurs et pour améliorer le référencement naturel du blog.
- On peut **gagner du temps** lorsque les tâches sont redondantes.
- On peut proposer du **contenu adapté** au comportement de ses abonnés, ce qui augmente leur engagement et leur fidélité.

Voici une liste non exhaustive d'automatisations possibles sur un blog, les réseaux sociaux, une liste d'abonnés à la newsletter ou d'autres outils extérieurs.

- **Sur son blog**
    - Programmer à l'avance la publication de ses articles.
    - Placer en indésirables tous les commentaires qui contiennent des mots que vous aurez définis (tels que « Viagra » ou « Ray-Ban », sauf si votre blog traite de séduction pour seniors ou d'accessoires mode).
- **Sur les réseaux sociaux**, grâce aux options dans ces réseaux, aux extensions de votre blog ou à des outils comme Hootsuite.com/fr (gratuit pour 3 profils de réseaux sociaux) (→ lien n° 68).
    - Partager sur Facebook, Twitter, Google+ les nouveaux articles.
    - Partager les anciens articles : cela permet d'apporter un trafic non négligeable, car tous vos visiteurs n'ont sûrement pas lu l'ensemble de vos articles alors qu'ils peuvent être intéressés. Il faut toutefois que le contenu de ces articles soit encore valable au moment du partage. Donc choisissez uniquement des articles intemporels (voir p. 69).
- **Sur la liste d'e-mails**, avec les outils de gestion des newsletters (voir p. 121) comme Mailchimp (→ lien n° 50) ou GetResponse (→ lien n° 51).

- Programmer une séquence d'e-mails automatiques que vos abonnés recevront au jour et à l'heure que vous aurez définis et en fonction de la date à laquelle ils se sont inscrits, par exemple :
  - juste après leur inscription : un mail de bienvenue avec le lien vers votre cadeau ;
  - à J+3 : un mail où vous vous présentez et envoyez vers votre page À propos ;
  - à J+10 : un e-mail avec un de vos meilleurs articles qui pourrait les intéresser ;
  - à J+15 : un e-mail vers un 2e article phare, etc.
- Envoyer des newsletters automatiquement dès qu'un article est publié sur votre blog, ou bien envoyer une fois par semaine (tous les lundis à 9 h par exemple) une newsletter avec vos 2 derniers articles, etc.
- Programmer la date et l'heure d'envoi d'une newsletter dont vous allez personnaliser le texte. Ici, l'envoi ne se fait pas automatiquement puisque vous devez intervenir pour chaque newsletter contrairement aux deux points précédents, mais vous pourrez en créer plusieurs à l'avance et décider du moment de l'envoi.
- Renvoyer une newsletter à tous ceux qui n'ont pas ouvert la précédente, en changeant l'objet de l'e-mail par exemple (puisqu'ils ne l'ont pas ouverte avec l'objet initial).
- Envoyer une deuxième newsletter seulement à ceux qui auront cliqué sur un lien d'une première newsletter.
- Déplacer un abonné d'une liste à une autre s'il a cliqué sur un lien. Par exemple, si vous envoyez vos lecteurs vers un article particulier et que vous ne souhaitez pas qu'ils reçoivent de nouveau l'e-mail s'ils l'ont lu, vous pouvez décider de déplacer leur adresse e-mail dans une liste intitulée « déjà lu » dès qu'ils cliqueront sur le lien.

• **Sur Google Adwords** : si vous avez lancé une campagne d'achats de mots-clés (voir p. 183), vous pouvez créer des règles de suivi et de gestion.

- Recevoir un e-mail lorsque le budget est presque épuisé.
- Augmenter l'enchère d'un mot-clé chaque fois qu'une annonce passe en deuxième page de résultats.

- La **liste des automatisations** possibles est infinie, notamment avec l'outil IFTTT sur ifttt.com (*If This Then That,* pour « Si ceci, alors cela ») (→ lien n° 88) qui interconnecte différents canaux sur le Web : Facebook, Twitter, Instagram, Pinterest, LinkedIn, Blogger, Wordpress, Gmail, Google Calendar, Dropbox, Evernote, entre autres. Voici quelques exemples d'automatisations possibles, appelées « recettes » sur IFTTT.
  - Poster automatiquement les photos publiées sur Instagram vers un album dédié sur Facebook.
  - Synchroniser la mise à jour de sa photo de profil sur Facebook et Twitter.
  - Envoyer un tweet de remerciement à tout nouveau follower sur Twitter.
  - Sauvegarder un tweet sur votre compte Evernote si vous le mettez en favori.
  - Recevoir un SMS quand un e-mail reçu sur Gmail contient un mot spécifique (par exemple « urgent »).

À vous de jouer

Automatisez ces actions pour gagner du temps.

- ☐ La programmation de vos articles de blog.
- ☐ Le partage de vos nouveaux articles sur les réseaux sociaux (→ lien n° 68).
- ☐ Le (re-)partage de vos articles existants sur les réseaux sociaux (→ lien n° 68).
- ☐ La création d'une séquence d'e-mails automatiques pour vos abonnés à la newsletter (→ lien n° 89).
- ☐ Autres : ____________________

Faites des campagnes de publicité sur Facebook

Il existe de nombreuses manières d'animer sa communauté sur Facebook, notamment en proposant des publications variées, en échangeant avec ses fans et en optimisant au maximum les options gratuites disponibles (voir p. 126). Et si vous gérez déjà une page Facebook, vous avez dû voir qu'il était possible de payer pour faire de la publicité, appelée « Facebook Ads ».

À quoi servent les publicités Facebook ?

Facebook utilise un algorithme pour afficher des publications seulement aux personnes qui manifestent un intérêt pour une page. Ainsi, même si quelqu'un « aime » votre page, il ne verra pas forcément vos partages s'il n'a pas récemment liké, commenté ou partagé chez vous.

Il est ainsi possible de payer pour améliorer la visibilité :

- de votre **page Facebook** et donc augmenter votre nombre de fans (ou mentions « J'aime ») ;
- d'une **publication** que vous avez postée sur votre page. On appelle cela « mettre en avant une publication » ;
- de votre **blog** : vous pouvez directement mettre des liens vers votre blog, les publicités ne servent pas seulement à mettre en avant une page ou publication Facebook.

Les publicités sont affichées dans le fil d'actualité ou bien dans la colonne de droite et sont reconnaissables grâce à la mention « Sponsorisé ».

Qui cibler ?

Dans tous les cas, vous pouvez cibler de manière très précise les personnes que vous souhaitez toucher avec votre publicité. En effet, Facebook utilise les informations que chaque profil a renseigné (sexe, âge, lieu d'habitation, centres d'intérêt) pour montrer les publications uniquement à la cible choisie.

Exemples de publicités Facebook sur le fil d'actualité et dans la colonne de droite.

Par exemple, vous pouvez mettre en avant votre page Facebook aux femmes de 25 à 50 ans habitant à Paris et qui sont intéressées par la cuisine. Vous avez ainsi une cible potentielle de 190 000 personnes (en juillet 2016, cela varie bien sûr en temps réel). Ensuite, selon le budget que vous souhaitez mettre, vous pouvez toucher un certain nombre de personnes :

- pour 5 € : 440 à 1 100 personnes ;
- pour 14 €, de 950 à 2 500 personnes ;
- pour 50 €, de 3 300 à 8 700 personnes ;
- etc. Vous pouvez choisir votre propre budget, la portée estimée se mettra à jour.

Paramétrages d'une publicité Facebook.

Pour vos publications déjà postées (sans publicité), vous pouvez cibler :

- les personnes qui aiment déjà votre page ;
- les personnes qui aiment déjà votre page et leurs amis (car on a souvent des amis qui ont les mêmes centres d'intérêt que soi) ;
- une catégorie de personnes selon les critères de votre choix, comme vu plus haut.

Vous pouvez même décider de cibler ce que Facebook appelle une « audience personnalisée », par exemple :

- les personnes qui sont déjà abonnées à votre newsletter mais qui ne vous suivent pas encore sur Facebook ;
- les personnes qui sont déjà allées sur votre blog, sur une page précise et qui ne se sont pas inscrites à la newsletter ou n'ont pas validé leur panier d'achat. Il s'agit ici de retargeting (voir p. 185).

Pour cela, vous devez dans chacun des cas, soit envoyer votre liste d'e-mails, soit installer un « pixel Facebook » (code donné par Facebook qui permet de tracker les visites) sur votre blog.

Comment est calculé le prix ?

Vous pouvez choisir de payer les publications selon différents modes de calculs, pour des résultats différents.

- Au CPM (coût par mille) : vous payez un certain montant pour 1 000 impressions ou 1 000 vues. Par exemple pour un CPM de 0,20 €, vous paierez 2 € si 10 000 personnes ont vu votre publication.
- Au CPC (coût par clic) : vous payez seulement si la personne a cliqué sur votre publication. Ainsi, pour un CPC de 0,20 €, si 1 000 personnes ont vu votre publication et 30 personnes ont cliqué sur le lien, les boutons J'aime ou Partager, vous paierez 6€ (= 0,20 × 30). Alors que pour le CPM vu précédemment le coût sera identique quel que soit le nombre de personnes qui cliquent (qu'il y ait zéro ou 100 personnes qui cliquent, vous paierez le même montant soit 0,20 € pour 1 000 vues). Vous devez donc faire un pari pour savoir s'il est plus rentable de payer uniquement lorsque quelqu'un clique ou dès que des gens voient la publication, en ne sachant pas si beaucoup ou peu vont cliquer.

- Au CPA (coût par action) : vous ne payez que si la personne a effectué une action que vous aurez définie, par exemple une mention « J'aime » sur votre page, ou bien une vente ou encore l'inscription à la newsletter sur votre blog. Pour ces dernières, vous devez installer un pixel Facebook que vous mettrez sur la page de confirmation d'achat ou d'inscription.
- À l'oCPM (coût par mille optimisé) : il s'agit d'un paiement au nombre d'impressions (1 000 vues), mais Facebook choisit la cible qui a la plus grande probabilité de réaliser l'action définie.

Quel budget investir ?

Je vous conseille d'investir dans une publicité Facebook si vous avez des objectifs plus ou moins directs de monétisation. Il vaut donc mieux faire de la publicité pour augmenter le nombre de mentions J'aime de la page Facebook ou d'inscriptions à la newsletter sur le blog, ou faire des ventes, qu'augmenter uniquement le nombre de vues d'une publication (qui n'enverrait pas vers un de ces objectifs-là). Le but est d'avoir un retour sur investissement. Vous pouvez faire un test avec des dizaines ou centaines d'euros et calculer le ROI (voir p. 157).

Par exemple, vous investissez 100 € pour une publicité qui envoie vers l'inscription à votre newsletter. Vous récoltez 50 inscrits et, parmi ces nouveaux inscrits, 5 personnes achètent votre cours de cuisine à domicile à 50 €, vous gagnez 250 € (= 5 × 50), ce qui semble rentable (le ROI est de 2,5 car = 250/100). (Pour savoir comment faire une campagne de Facebook Ads → lien n° 91.)

Attention à déduire vos coûts éventuels (si vous devez acheter des ingrédients pour le cours par exemple). L'outil pour gérer les publicités Facebook et voir leur efficacité est le Power Editor (→ lien n° 97).

Faites des campagnes de référencement payant sur Google

Lorsque le blog est récent ou la thématique très concurrentielle, il est difficile d'être présent sur les premières positions des résultats des moteurs de recherche. Pour pallier cela, il est possible d'acheter des mots-clés, grâce aux campagnes Google Adwords. On fait dans ce cas-là ce qu'on appelle du référencement payant (ou SEA : *Search Engine Advertizing*) et le blog apparaîtra dans les résultats de Google, en haut de la page.

Comment fonctionne Google Adwords ?

1. Vous définissez une liste de mots-clés sur lesquels vous souhaiteriez être visible, par exemple « recette de pâtes », « spaghettis à la bolognaise », « pâtes à la carbonara », etc. Vous ne paierez que si un internaute clique sur votre annonce.

2. Choisissez jusqu'à combien vous êtes prêt à payer pour un clic : c'est le coût par clic (CPC) maximal, qui correspond à l'enchère maximale.

   Par exemple pour un CPC à 1 €, vous pourrez payer jusqu'à 1 € dès qu'une personne clique sur votre annonce, mais le CPC peut très bien être de 0,50 € ou moins s'il n'y a pas de concurrence. En effet, Google va positionner les annonces selon le montant de votre enchère maximale. Si d'autres annonceurs sont prêts à payer 2 €, votre annonce va s'afficher après eux, ou bien peut ne pas s'afficher s'il n'y a plus de place sur la page de résultats. De plus, depuis février 2016, les annonces sponsorisées ne s'affichent plus qu'en haut de la page et non sur le côté droit comme c'était le cas avant.

3. Choisissez le budget maximal journalier et les autres paramètres.

   Il s'agit du budget à ne pas dépasser (par exemple 50 € par jour). Si vous arrivez à votre budget maximal, les annonces ne seront plus affichées lors des requêtes des internautes. Vous pouvez aussi choisir les plages horaires, la localisation géographique auxquelles vos annonces vont s'afficher, afin de maximiser vos résultats.

4. Pour chacun de ces mots-clés, créez les annonces qui seront affichées.

Par exemple pour la requête « spaghettis à la bolognaise », vous pourrez proposer l'annonce suivante :

> Recette de spaghettis à la bolognaise maison
> www.cestmafournee.com/spaghettis-bolognaise
> Pâtes nappées d'une sauce préparée à base de bœuf haché, tomates, carotte, oignons et herbes fraîches

Chaque annonce va envoyer vers une page précise de votre blog, qui ne correspond pas forcément au lien que vous aurez affiché en vert ci-dessus.

Pourquoi faire de la publicité Adwords ?

En général, on paie pour amener du trafic vers son blog si on y vend quelque chose, comme pour les Facebook Ads. Par exemple, si vous vendez un livre de recettes de pâtes sur cette page, cela peut être un bon point d'entrée.

Il y a ensuite une analyse poussée des résultats à effectuer afin d'optimiser la campagne.

- Le taux de clic peut être amélioré en modifiant le texte de l'annonce.

- Le CPC peut être modulé selon le budget que l'on souhaite et les enchères des concurrents.

- Le taux de conversion peut être amélioré avec des annonces qui correspondent bien à la page d'atterrissage (page de votre blog) et en optimisant celle-ci.

- Le coût par lead (CPL) est le coût final que vous aurez payé pour avoir une action (ici la vente du livre de recettes), le but étant que le CPL soit inférieur à la marge du livre. Par exemple, si le CPC est de 0,50 € et qu'une personne sur dix qui clique achète le livre, vous allez payer 5 € pour avoir une vente (= 0,50 € × 10 clics, car vous payez chaque fois que quelqu'un clique même s'il n'achète pas ensuite). Le CPL sera donc de 5 €. Il faut gagner plus de 5 € par vente de livre (coût du livre moins le coût de revient) pour que ce soit rentable.

La question du budget est la même que pour les Facebook Ads et les autres sources de trafic payantes : investissez et calculez votre ROI selon les objectifs que vous vous serez fixés. (Pour savoir comment faire une campagne Google Adwords → lien n° 98.)

Faites du retargeting pour faire revenir vos visiteurs

Le **retargeting**, aussi appelé reciblage publicitaire, est une technique de marketing qui consiste à « tracker » les visites sur son site et à afficher sur un site tiers une publicité correspondant aux pages que les visiteurs ont regardées. On « récupère » ainsi des visiteurs qui étaient venus sur son blog mais qui sont repartis avant d'avoir effectué une certaine action. Comme pour les 2 techniques précédentes qui sont payantes, il s'agit d'une méthode que l'on utilise surtout si l'on monétise son blog ou que l'on vend ses produits ou services.

Par exemple, je visite le blog C'est ma fournée !, à la recherche d'une recette, je tombe sur des livres de recettes, puis je sors du site. Je vais ensuite sur Facebook, YouTube, sur un autre blog ou sur ma messagerie, et une bannière C'est ma Fournée ! apparaît (ou bien je reçois un e-mail avec un contenu de ce blog), grâce aux cookies que mon navigateur a gardés en mémoire depuis ma première visite. Cela veut dire que Valérie, la propriétaire de C'est ma Fournée ! a mis en place une campagne de retargeting pour pouvoir faire revenir les visiteurs qui sont allés sur la page de livres mais qui n'ont rien acheté.

Valérie pourrait aussi utiliser le retargeting pour inviter à l'inscription à la newsletter, ou pour faire de la vente complémentaire : si j'achète un batteur depuis son blog, elle peut me proposer une bannière qui met en avant un cul-de-poule (récipient en Inox pour battre les œufs en neige) et me donner envie d'acheter de nouveau. Chaque visiteur verra une bannière différente selon son comportement sur le site.

Valérie peut également décider de n'afficher les bannières sur d'autres sites qu'aux abonnés à sa newsletter (c'est ce qu'on appelle le CRM retargeting), ou encore de toucher les internautes qui ont des centres d'intérêt similaires à ceux de ses visiteurs, même s'ils n'ont jamais visité son blog. Ceci est possible grâce aux cookies générés sur des sites similaires.

Les avantages du retargeting sont les suivants.

- Les résultats sont très satisfaisants : en effet, les bannières ne s'affichent que chez les personnes qui ont déjà visité votre blog. Cela veut dire que les internautes vous connaissent déjà et/ ou sont donc a priori intéressées par ce que vous proposez.

- On peut cibler très finement les visiteurs, selon la ou les pages qu'ils ont lues, l'étape dans le parcours d'achat, la durée de visite, le nombre de visites, etc. Les bannières affichées vont donc varier pour chaque internaute et selon l'objectif qui va lui être associé par rapport à sa visite sur le site : inscription à la newsletter, demande de devis, achat ou ré-achat, selon la page qu'il aura visitée.
- L'affichage des bannières peut également être personnalisé avec ce qu'on appelle le « capping », par exemple en les présentant seulement 2 fois par jour et pendant 1 semaine maximum, afin de ne pas agacer les visiteurs.

Les inconvénients sont les suivants.

- Les tarifs, qui varient selon le secteur et la concurrence, sont plus élevés que pour la publicité classique, ce qui s'explique par une technologie plus poussée. Les résultats plus performants compensent cette différence de prix.
- Pour faire du retargeting et être efficace, il faut un minimum de 50 000 visiteurs uniques par mois pour accéder à certains acteurs du marché. Ce n'est donc pas un moyen d'augmenter son trafic à proprement parler, mais plutôt un outil pour améliorer son taux de conversion, en faisant revenir sur son site du trafic qualifié.
- Les publicités peuvent ne pas s'afficher si l'internaute utilise les outils de blocage de publicité (AdBlock).

Les tarifs sont calculés généralement au CPC ou au CPM.

Le retargeting est possible avec les publicités Facebook (avec l'audience personnalisée) et Google (où on parle de « remarketing »). Les prestataires spécialisés les plus connus sont Criteo, Adroll ou Retargeter.

La technique de retargeting utilise les données de navigation stockées dans les cookies de vos visiteurs. Comme pour l'inscription à la newsletter, enregistrez-vous auprès de la CNIL (→ lien n° 53) et prévenez les internautes de l'utilisation de ces cookies via un bandeau sur le blog (→ lien n° 81).

(Pour savoir comment faire une campagne de retargeting → lien n° 92.)

Faites de l'affiliation en tant qu'affilieur

Vous connaissez peut-être l'**affiliation** comme moyen de monétiser votre blog (→ lien n° 93) : lorsque vous parlez d'un produit ou d'un service, vous mettez un lien vers ce produit, et si un de vos visiteurs achète celui-ci en passant par votre lien, vous toucherez une **commission** qui correspond à un pourcentage du prix du produit. La commission peut également être un montant fixe, et l'objectif peut être une inscription à un site ou à une newsletter.

On appelle **affilieur** la partie qui vend le produit ou souhaite obtenir des inscriptions. L'**affilié** est le propriétaire du blog qui va faire la promotion du produit en échange d'une rémunération. Il s'agit ici de faire de l'affiliation en tant qu'affilieur (et non pas affilié habituellement) pour avoir du trafic vers son blog. Ce sont ainsi les affiliés qui vont partager votre contenu.

Comme pour les autres techniques payantes, si vous souhaitez obtenir du trafic par le biais de l'affiliation, ce trafic doit être rentabilisé par des ventes sur votre blog. Vous devez donc pour cela vendre vos propres produits ou services.

Vous pouvez proposer un programme d'affiliation sur les plates-formes comme Amazon, Zanox ou CJ Affiliate. Si vous vendez des produits numériques, allez voir du côté de 1TPE, Gumroad ou Clickbank (→ lien n° 94).

Vous devez proposer une commission intéressante aux affiliés pour leur donner envie de faire la promotion de votre produit. Vous perdrez une partie de vos gains, mais cela augmentera le trafic de votre blog et donc vos ventes. Vous pouvez proposer un pourcentage des ventes réalisées ou un montant fixe par vente. Vous pouvez aussi proposer un montant fixe par inscription à votre newsletter par exemple. À vous ensuite de générer des ventes avec vos nouveaux abonnés.

Par exemple, si vous vendez des bijoux faits main qui coûtent en moyenne 15 €, vous pouvez proposer de reverser 5 % de vos ventes, soit 0,75 €, à l'affilié. Si vous vendez un e-book ou autre produit numérique, vous pouvez reverser un plus grand pourcentage (par exemple 20 % voire plus), car, contrairement aux produits physiques, vous n'avez pas de coûts supplémentaires de fabrication, de stockage et de livraison. (Pour voir comment faire de l'affiliation en tant qu'affilieur → lien n° 95.)

Faites des partenariats

Vous connaissez sûrement cette technique d'acquisition de trafic et de promotion utilisée par les marques avec les blogs. Elles vous contactent et vous demandent si vous pouvez partager leur dernière nouveauté auprès de vos lecteurs. En échange, elles vous offrent 1 ou 2 exemplaires que vous pourrez utiliser et/ou offrir. La collaboration peut être assez équitable, surtout lorsque le cadeau est conséquent (voyage, produit de luxe...).

Mettez-vous ici du côté de l'annonceur et proposez à des personnes (physiques ou morales) de faire un partenariat avec votre blog. Par exemple, vous pouvez organiser un **jeu-concours** avec un autre blog. Vous ferez ainsi des ponts entre vos deux lectorats et chaque blogueur sera gagnant.

Avec des règles de participation telles que l'inscription à la newsletter ou à vos réseaux sociaux, vous pourrez capitaliser sur ce trafic temporaire pour faire revenir vos abonnés sur votre blog ultérieurement.

Comment choisir le partenaire ?

L'idéal est d'effectuer un partenariat avec une marque ou bien un blogueur dont les thématiques sont proches des vôtres, pour que les lecteurs soient intéressés par ce que vous proposez. C'est un peu le même principe que les articles-invités (voir p. 144) ou l'affiliation.

Étant donné que vous chercherez à maximiser l'impact du partenariat, il faudrait que le partenaire ait une audience assez élevée. Mais il est très difficile de faire accepter une collaboration à une marque ou un blogueur très reconnus, étant donné qu'ils n'ont pas « besoin » de vous : s'ils n'ont pas d'intérêt propre à collaborer avec vous, ils ne vont pas s'encombrer à travailler pour pas grand-chose. Pour rappel, la différence avec les articles-invités, c'est que vous leur permettez de publier du contenu frais sans avoir à le rédiger.

Par contre, un partenariat avec une entité ayant une notoriété similaire à la vôtre peut être envisagé plus facilement. Cela ne se compte pas forcément en nombre de visiteurs : par exemple une marque peu connue sera plus accessible si vous avez un blog avec une audience modeste, et vice versa (le gros blogueur ne voudra pas forcément parler d'une marque inconnue). Finalement, si les deux parties ont environ la même notoriété et que chacun arrive à attirer une grande partie de l'audience de l'autre, c'est une bonne opération pour tout le monde.

Vous pouvez estimer le trafic d'un site grâce à des outils comme Similar Web ou SEMrush (→ lien n° 79) même si cela reste assez approximatif. Les chiffres ne faisant pas tout et la qualité étant plus importante que la quantité, un bon indicateur est le nombre de commentaires présents sur les articles ou les réseaux sociaux du partenaire ; de plus, cela veut dire que son audience est assez réactive et qu'elle le sera sûrement chez vous si vous arrivez à la fidéliser sur votre blog.

Comment contacter le partenaire ?

Vous pouvez le joindre grâce à sa page de contact (s'il en a une) ou bien sur un de ses profils de réseaux sociaux.

- Présentez-vous et donnez un lien vers votre blog.

- Montrez l'intérêt que vous avez pour la personne (parce que vous lisez assidûment ses articles, que vous achetez et utilisez les produits de sa marque...) : vous avez sûrement des raisons de vouloir travailler avec elle, en dehors de son trafic.

- Donnez quelques arguments et les avantages qu'aurait la personne à collaborer avec vous : thématique et cible communes, statistiques (nombre de visiteurs mensuels, nombre d'abonnés sur les médias sociaux et surtout leur taux d'engagement, inscrits à la newsletter...), retombées possibles (obtenues grâce aux anciens partenariats).

- Proposez une idée de partenariat :
  - cela peut être un jeu-concours ;
  - une offre de vos produits ou services contre une visibilité chez lui (que ce soit sur son site et/ou ses réseaux sociaux et newsletter) ;
  - de la co-registration (chacun propose une case à cocher sur son blog lors de l'inscription à la newsletter, par exemple « Je souhaite m'inscrire également sur le blog « Untel ») ;
  - des partages de contenu des deux côtés.

Si besoin, un contrat peut être établi pour formaliser les conditions du partenariat.

Soyez présent partout

On a vu les différents moyens d'augmenter le trafic de son blog et la plupart de ceux-ci sont des techniques online (sur le Web). Pensez également aux différents leviers d'acquisition offline (hors Web), afin d'avoir une stratégie multicanale. En voici quelques exemples.

- Créez et distribuez des **cartes de visite** avec le nom et l'adresse de votre blog, votre nom ainsi que vos coordonnées (adresse e-mail et téléphone). Vous pouvez les donner lors de salons ou d'événements blogging.

- Allez sur des **salons** en tant que visiteur, mais surtout comme exposant et/ou conférencier pour vous faire remarquer. Vous pourrez animer des conférences sur votre thématique, ou bien tenir un stand (par exemple au salon de loisirs créatifs si vous vendez vos créations).

- Faites parler de vous dans la **presse**, que ce soit dans des journaux ou des magazines. Créez un dossier de presse que vous pourrez envoyer à des journalistes : décrivez votre blog, sa particularité, donnez des statistiques de visite et joignez-y des photos qu'ils pourront facilement utiliser pour leurs articles. Les journalistes pourront parler de votre blog et de vous, mais vous pouvez aussi être sollicité pour écrire dans des magazines.

- Participez à des émissions de **radio** ou de **TV** : en tant que blogueur culinaire, mode, lifestyle, photo, voyage, etc., vous avez une expertise. Elle peut intéresser les médias et vous donner au passage une belle visibilité lors de reportages sur des thématiques précises.

- Écrivez un **livre** : si vous bloguez, vous aimez certainement écrire, alors pourquoi ne pas utiliser votre plume et vos connaissances pour en faire un ouvrage papier ? Vous toucherez ainsi une nouvelle cible qui sera peut-être intéressée par votre blog après la lecture de votre livre.

Plus globalement, de nos jours on n'aime pas être envahi de publicités. Par contre, on aime bien trouver les informations que l'on cherche, au moment où on les cherche. Pour se faire connaître, l'astuce consiste ainsi à **être présent là où est le visiteur** : on appelle cette stratégie l'Inbound Marketing, où l'on vise à faire venir sa cible vers soi plutôt que d'aller le chercher. Ainsi, tout le monde est content : le lecteur trouve ce qui l'intéresse et le blogueur attire des personnes vraiment intéressées par ce qu'il propose. Comme répété tout au long de ce livre, mieux vaut la qualité que la quantité !

Conclusion

Vous connaissez maintenant les différentes techniques pour augmenter le trafic de votre blog. Choisissez celles qui vous correspondent selon le temps que vous pouvez y consacrer, selon vos objectifs ainsi que vos désirs.

Il faut penser en stratège mais surtout rester soi-même, car un blog, c'est avant tout un blogueur : soyez authentique, gardez votre spontanéité et vos valeurs. Le plus important, ce n'est pas le trafic mais ce que vous en faites.

Écrivez avant tout des articles de qualité, car vos efforts de communication ne serviront à rien si vos lecteurs ne trouvent pas de contenu qui les intéresse. Inversement, faites régulièrement la promotion de vos articles sinon, on ne saura pas quel blog formidable vous avez !

Montrez votre personnalité sur votre blog, communiquez auprès de votre communauté pour la faire grandir. Une communauté, c'est comme l'amour : ça s'entretient. Donc soyez présent, prenez des nouvelles de vos lecteurs, devenez vous-même lecteur de leur blog. Donnez avant de recevoir. Comme toute relation, celle-ci doit aller dans les deux sens pour durer et il doit y avoir beaucoup d'échanges et de sincérité.

Enfin, un blog, c'est comme la cuisine : vous avez maintenant les recettes, vous choisissez les ingrédients qui vous conviennent le mieux selon votre niveau et vos goûts, vous cuisinez puis vous partagez vos créations. Au début, vous devrez suivre pas à pas les étapes de préparation et de cuisson, mais, à force d'appliquer et de tester, vous n'aurez plus besoin des recettes et pourrez même en créer de nouvelles. Alors à vos fourneaux et à vos claviers !

Pour vous remercier d'avoir acheté et lu mon livre, je vous offre un cadeau ! Allez le découvrir sur le lien n° 90.

Respectez la loi

Même si un blog est un espace qui nous appartient, cela ne signifie pas que l'on peut y écrire tout ce que l'on veut, même au nom de la liberté d'expression. Il y a certaines règles juridiques à respecter sous peine d'amende (voire d'emprisonnement), notamment ce qui porte atteinte au respect des personnes.

- Ne pas diffuser d'informations à caractère diffamatoire, injurieux, obscène, offensant, violent, pornographique, susceptibles par leur nature de porter atteinte au respect de la personne humaine et de sa dignité.
- Ne pas communiquer de messages présentant sous un jour favorable le banditisme, le terrorisme, le vol, la haine ou tous actes qualifiés de crimes ou de délits, ou de nature à inspirer ou entretenir des préjugés ethniques ou discriminatoires.
- Ne pas critiquer ouvertement ses concurrents, car il s'agit de concurrence déloyale.

Outre les différents sujets à éviter, vous êtes responsable de tout le contenu qui est diffusé sur votre blog, même si ce n'est pas vous qui l'avez écrit : vous ne devez donc pas publier de commentaires qui porteraient atteinte à la personne. Pour en savoir plus, référez-vous au livre *Internet et les réseaux sociaux : que dit la loi ?* (éditions Eyrolles).

D'autres règles juridiques régissent la communication sur le Web, en vertu de l'article 6 de la Loi n° 2004-575 du 21 juin 2004 pour la confiance dans l'économie numérique.

Il est par exemple obligatoire :

- d'avoir une page de mentions légales sur son blog ;
- d'informer vos lecteurs de la présence de cookies pour la navigation sur votre blog et de leur expliquer comment les refuser le cas échéant ;
- de déclarer à la CNIL une liste de prospects ou de clients si vous récoltez des données de la part de vos lecteurs, comme leur adresse e-mail ;
- de donner vos CGV (conditions générales de vente) si vous vendez sur votre blog ;
- de respecter la propriété industrielle et ne pas utiliser du contenu (texte, images...) de tiers sans leur autorisation.

(Plus de détails sur les règles juridiques → lien n° 25.)

Dépôt légal : mars 2017
Imprimé en Pologne par Interak